바다와 갯벌

생명이 꿈틀꿈틀!

사진출처

게티이미지뱅크_ 64p / 바닷가재

셔터스톡_ 17·116p / 남세균 20p / 파란 지구 26p / 쓰나미 27p / 태풍 35p / 해안 지형 36p / 해안 사구 49p / 동해안 해돋이, 해운대 모래 축제 57p / 바다 포도, 다시마, 우뭇가사리 59p / 대왕고래, 바다사자 60p / 바다뱀, 바다거북, 바다악어 61p / 전복, 소라, 조개, 굴, 오징어, 문어 62p / 산호, 말미잘, 해파리 63p / 해면동물, 성게, 해삼 63·84p / 불가사리 64p / 왕게, 따개비, 새우 65p / 해조류 66p / 일각돌고래, 북극곰 70p / 스텔러바다소 71p / 참치 78p / 소금 79p / 우유니 소금 사막 80p / 고기잡이 모습 80·122p / 남해의 양식장 82·122p / 바다 위 시추 시설 85p / 해조류, 망가니즈 단괴 100p / 쓰레기 섬 101p / 쓰레기를 먹는 거북 102p / 세안제, 파괴된 유조선 103p / 검은 기름을 뒤집어쓴 새 104p / 후쿠시마 원자력 발전소 106p / 녹고 있는 북극 빙하 108p / 원양 어선, 그물에 걸린 거북

연합뉴스_ 48p / 진도 바닷길 축제 83p / 제주도 풍력 발전소 83·122p / 시화호 조력 발전소 87p / 쇄빙선 아라온호 110p / 시화호 갈대 습지 공원

위키피디아_ 87p / 다산 과학 기지

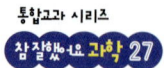

생명이 꿈틀꿈틀! 바다와 갯벌

ⓒ 최설희, 2023

1판 1쇄 발행 2023년 2월 20일 | **1판 3쇄 발행** 2025년 4월 30일

글 최설희 | **그림** 이창우 | **감수** 서울과학교사모임
펴낸이 권준구 | **펴낸곳** (주)지학사
편집장 김지영 | **편집** 박보영 이지연 | **교정교열** 김민영 | **디자인** 이혜리
인포그래픽 김상준 | **마케팅** 송성만 손정빈 윤술옥 이채영 | **제작** 김현정 이진형 강석준 오지형
등록 2010년 1월 29일(제313-2010-24호) | **주소** 서울시 마포구 신촌로6길 5
전화 02.330.5263 | **팩스** 02.3141.4488 | **이메일** arbolbooks@jihak.co.kr
ISBN 979-11-6204-135-2 74400
ISBN 979-11-85786-82-7 74400(세트)
잘못된 책은 구입하신 곳에서 바꿔 드립니다.

 제조국 대한민국   **사용연령** 8세 이상
KC마크는 이 제품이 공통안전기준에 적합하였음을 의미합니다.

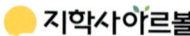 아르볼은 '나무'를 뜻하는 스페인어. 어린이들의 마음에 담긴 씨앗을 알찬 열매로 맺게 하는 나무가 되겠습니다.
홈페이지 www.jihak.co.kr/arbol | **블로그** blog.naver.com/arbolbooks

통합고과 시리즈
참 잘했어요 과학 27

바다와 갯벌

생명이 꿈틀꿈틀!

글 최설희 | 그림 이창우
감수 서울과학교사모임

지학사아르볼

펴냄 글

✉ 과학은 왜 어려울까?

- 생명과학, 지구과학, 물리학, 화학 등 공부해야 할 범위가 넓다.
- 책이나 교과서를 볼 땐 이해할 것 같다가도 돌아서면 헷갈린다.
- 과학 현상이나 원리가 어려워서 이해가 안 된다.
- 과학 공부를 할 때 어려운 단어가 많이 나온다.

✉ 과학 공부, 쉽게 하려면 통합교과 시리즈를 펼치자!

통합교과란?

- 서로 다른 교과를 주제나 활동 중심으로 엮은 새로운 개념의 교과
- 하나의 주제를 **개념·지리·생물·사회·환경** 등
  다양한 영역에서 접근해 정보 전달 효과를 높임
- 문·이과 통합 교육 과정에 안성맞춤

차례

1화
앗, 바다가 이렇게 넓다고?   **개념** 바다와 갯벌의 탄생 10

- 16 바다의 시작
- 18 넓고 깊은 바다
- 20 바다의 색과 맛
- 22 바닷물이 드나드는 땅, 갯벌
- 26 **한 걸음 더:** 바다가 키운 자연재해

2화
남해에 간 펭펭   **지리** 바다가 만든 땅 28

- 34 여러 가지 해안 지형
- 38 여러 가지 해저 지형
- 42 우리나라 바다의 특징
- 45 세계가 인정한 우리 갯벌
- 48 **한 걸음 더:** 신나는 바다 축제로 초대합니다!

3화
바다에 뭐가 사나 볼래?   **생물** 바다와 갯벌에 사는 생물들 50

- 56 바닷속 먹이 사슬
- 58 바닷속 다채로운 동물들
- 65 갯벌의 먹이 사슬
- 66 극지방의 바다 생물들
- 67 한류성 어류와 난류성 어류
- 70 **한 걸음 더:** 멸종 위기 바다 생물 이야기

4화

바다 없이 못 살아   사회 바다가 준 선물 72

- 78 바다의 풍성한 먹거리
- 81 바다에서 얻는 에너지
- 84 새롭게 찾아낸 바다 자원들
- 87 극지방을 연구하다
- 92 한 걸음 더: 우리 바다는 어디까지일까?

5화

바다가 위험해!   환경 우리가 지켜야 할 바다와 갯벌 94

- 100 끙끙 몸살을 앓는 바다
- 105 지구 온난화로 따뜻해진 바다
- 108 소중한 바다를 지키자
- 110 소중한 갯벌을 지키자
- 114 한 걸음 더: 바다와 갯벌 지킴이 체크 리스트

- 116 워크북
- 126 정답 및 해설
- 128 찾아보기

등장인물

펭펭(황제펭귄)

남극 황제펭귄. 랩이면 랩, 춤이면 춤, 못하는 게 없는 만능 재주꾼. 대한민국에서 슈퍼스타가 된 펭수와 같은 유치원을 나왔어요. K-pop 아이돌 가수가 되겠다는 부푼 꿈을 안고서 남극에서 대한민국으로 건너왔어요.

해미

바다를 사랑하는 열한 살 소녀. 연기자가 되어 텔레비전에 나오는 게 꿈이에요. 그런데 요즘 바다가 점점 병들어 가는 모습에 걱정이 많아요. 바다를 지키기 위한 일들에도 관심이 많답니다.

엄마

해미의 엄마. 어릴 때부터 남쪽 바다가 놀이터였어요. 물속에서 숨을 오래 참는 것이 특기이지요. 이제는 해녀가 되어 바닷속을 누비며 살고 있어요. 딸의 꿈을 진심으로 응원해요.

아빠

해미의 아빠. 남쪽 바다에서 나고 자라 선장이 되었어요. 온갖 뱃일에 잔뼈가 굵어 힘이 세지요. 쉬는 날이면 딸과 함께 배를 타고 나가, 아름다운 남쪽 바다의 경치를 바라보는 것을 좋아해요.

- 바다의 시작
- 넓고 깊은 바다
- 바다의 색과 맛
- 바닷물이 드나드는 땅, 갯벌

한눈에 쏙 바다와 갯벌의 탄생
한 걸음 더 바다가 키운 자연재해

 바다의 시작

여러분은 끝도 없이 넓은 바다를 보면 무슨 생각이 드나요? 맨 처음 바다가 어떻게 생겨났는지 궁금한 적은 없었나요? 바다의 시작을 알려면 아주 오래전으로 거슬러 올라가야 해요. 46억 년 전 지구가 태어났던 바로 그때로 말이에요.

바다는 어떻게 생겨났을까?

맨 처음 지구의 모습은 지금과는 전혀 달랐어요. 지구에는 아무것도 살지 않았지요. 왜냐하면 지구는 거대한 불덩어리 행성이었거든요. 날마다 화산이 폭발하고 지구 속에서 용암이 흘러나왔어요. 하늘에는  수증기와 이산화 탄소, 질소, 메테인 같은 기체가 가득 차 있었지요.

지구는 아주 오랫동안 천천히 식어 갔어요. 공기 중에 많아진 수증기가 물방울로 변하면서 뭉쳐 구름이 되었고, 하늘에서 빗방울이 후드득 떨어졌지요. 빗줄기는 뜨거운 지구를 조금씩 식혀 주었어요. 또 다시 공기 중의 수증기가 차갑게 식으면서 더 두꺼운 구름이 되어 큰 비를 뿌렸지요. 이러한 과정이 아주 오랫동안 되풀이되면서 지구에 바다가 생겨난 거예요.

최초의 생명이 탄생한 바다

맨 처음 생겨난 바다는 지금과 달랐어요. 지구의 열기가 채 식지 않아서 바닷물은 뜨거웠고, 물속을 헤엄쳐 다니는 생명체도 아예 없었어요. 그 당시 지구에는 지금의 생명체들이 숨을 쉬는 데 필요한 산소가 없었기 때문이에요.

그런데 약 35억 년 전, 원시 시대 지구의 바닷속에서는 복잡한 화학 반응으로 인해 남세균(시아노박테리아)이 나타났어요. 이 남세균은 엽록소를 가지고 있어서 '광합성'을 할 수 있었어요. 광합성이란 엽록소를 가진 생물이 햇빛과 이산화 탄소, 물을 이용해 산소를 만들어 내는 작용을 말해요. 바다는 금세 남세균으로 가득 차게 되었지요.

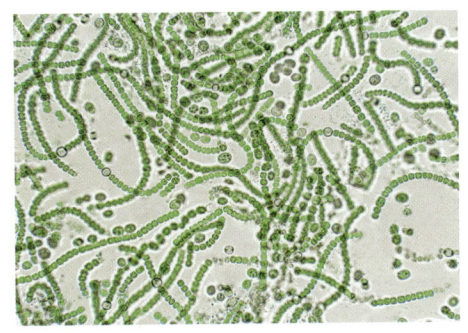
남세균

수억 년 동안 남세균이 바닷속에서 광합성을 한 덕분에 지구에는 이산화 탄소가 줄어들고 산소가 풍부해졌어요. 그래서 산소로 숨을 쉬는 다양한 생명체들이 지구에 나타날 수 있었답니다. 바다가 모든 생명체들의 어머니라고 불리는 것은 이런 이유 때문이에요.

넓고 깊은 바다

지구에는 물이 아주 풍부해요. 그중 대부분은 바닷물이지요. 바닷물은 지구에 있는 모든 물의 97퍼센트나 돼요. 나머지 중 2퍼센트는 극지방의 빙하예요. 육지에 있는 강과 호수, 지하수는 다 합쳐도 1퍼센트밖에 되지 않아요. 바다는 도대체 얼마나 넓고 깊은 걸까요?

바다는 얼마나 넓을까?

바다의 넓이는 약 3억 6,000만 제곱킬로미터로, 지구의 겉넓이 중에서 약 70퍼센트가 바다예요. 나머지 30퍼센트는 육지랍니다. 바다가 육지보다 두 배 이상 넓은 셈이에요. 지구의 바다는 하나로 이어져 있어요. 그런데 너무 넓어서 여섯 개의 대륙을 경계로 나누어 태평양, 인도양, 대서양, 북극해, 남극해라고 각각 이름을 붙였어요. 이를 오대양이라고 해요. 대양은 크고 넓은 바다라는 뜻이에요.

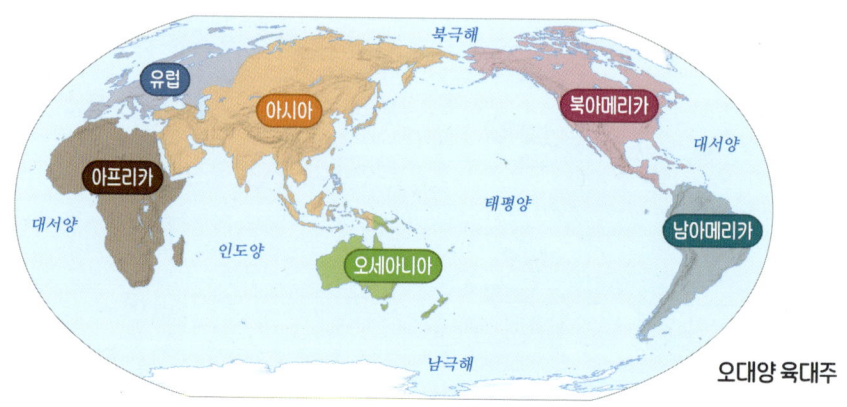

오대양 육대주

바다는 얼마나 깊을까?

바닷가는 물의 깊이가 얕지만 바다 쪽으로 성큼성큼 걸어 들어가면 점점 깊어져요. 바다의 깊이는 도무지 가늠하기 힘들지요. 바다는 얼마나 깊은 걸까요?

바다 밑은 평평하진 않지만 바다의 평균 깊이는 3.7킬로미터나 돼요. 바닷속에 약 1,233층짜리 건물을 세울 수 있는 깊이지요.

바다에서 가장 깊은 곳은 태평양에 위치한 마리아나 해구예요. 해구는 바닷속 깊은 곳에 있는 골짜기를 뜻해요. 마리아나 해구의 깊이는 약 1만 1,030미터로, 세계에서 가장 높은 에베레스트산(8,848미터)을 거꾸로 집어넣어도 남을 만큼 깊어요. 이곳은 지구에서 가장 깊은 곳이기도 하지요.

이렇듯 바다는 무척 넓고도 깊어요. 인간의 힘으로는 미처 밝혀내지 못한 곳도 아주 많이 남아 있답니다.

마리아나 해구 위치

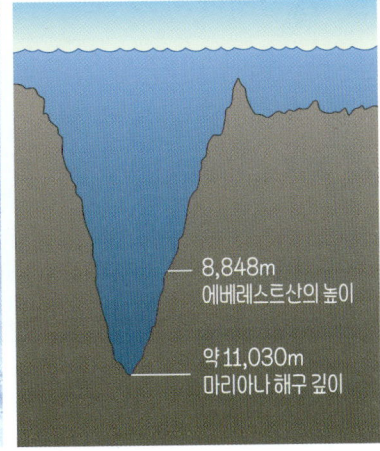

마리아나 해구 단면

 바다의 색과 맛

우주에서 바라본 지구는 꼭 파란 구슬 같아요. 새파란 바다가 지구 표면의 대부분을 둘러싸고 있기 때문이에요. 그렇다면 바다는 왜 파란 걸까요?

바다가 파랗게 보이는 이유

바다가 파랗게 보이는 건 빛 때문이에요. 빛은 우리 눈에 보통 하얗게 보이지만, 사실은 여러 색깔을 지니고 있어요. 빛은 물질에 부딪치면 다양한 색깔로 나뉜답니다. 특히 빛이 물 알갱이에 부딪치면 빨강, 주황, 초록의 빛들은 물에 흡수되어 버리지만 파란빛은 반사되어 흩어져요. 이 파란빛 때문에 바다가 파랗게 보이는 것이랍니다.

흐린 날이나 비가 오는 날에 바다 색깔이 다르게 보이는 것도 빛의 영향을 많이 받기 때문이에요. 물속의 작은 알갱이나 작은 생물들이 빛을 반사시켜서 바다 색깔이 더 짙거나 밝게 보이기도 해요.

바다에 식물 플랑크톤이 갑자기 많아져서 바다 색깔이 달라지기도 해요. 늘어난 플랑크톤의 색깔에 따라 바닷물이 초록색으로 보이는 현상을 녹조, 붉은색으로 보이는 현상을 적조라고 하지요. 이런 현상이 일어나면 물속에 산소의 양이 줄어들어서 바다 생물들이 살기 힘들어진답니다.

바닷물은 왜 짤까?

어쩌다 바닷물을 먹게 되면 짠맛이 강하게 느껴져요. 바닷물에 소금이 녹아 있기 때문이에요. 그런데 바닷물에는 소금 말고도 여러 가지 물질이 녹아 있어요. 그 물질을 통틀어 '염류'라고 해요.

평균적으로 바닷물 1킬로그램에는 염류 35그램이 녹아 있어요. 육지의 암석에

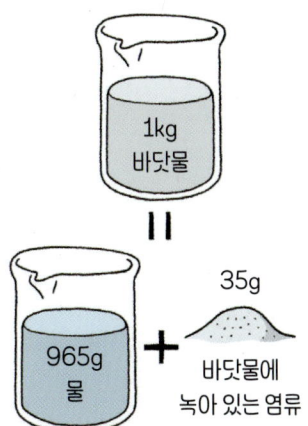

있던 소금 성분은 빗물에 녹아서 바다로 흘러 들어가요. 그리고 바다 밑에서 화산이 폭발할 때에도 다양한 물질이 만들어지지요. 그 물질과 소금 성분이 서로 뒤섞이면서 물에 녹아 염류가 된답니다. 염류에는 짠맛을 내는 물질인 염화 나트륨이 가장 많이 들어 있어요. 그래서 바닷물이 짠 거예요.

세계 어느 바다나 똑같이 짤까요? 그렇지 않아요. 지역에 따라 바닷물의 염분이 다르기 때문이에요. 바닷물에 녹아 있는 염류의 양을 '염분'이라고 해요. 우리나라는 황해의 바닷물이 동해의 바닷물보다 덜 짜답니다. 소금기가 거의 없는 강물이 황해로 많이 흘러들어서 바닷물의 염분이 줄어든 까닭이지요.

염분이 거의 없는 물을 담수 혹은 민물이라고 해요. 담수는 사람이 직접 마실 수 있고 농사를 지을 때에도 쓰여요. 사람이 살아가는 데 꼭 필요한 물이에요.

1화 개념 - 바다와 갯벌의 탄생

바닷물이 드나드는 땅, 갯벌

지구에는 얼핏 바다인지 육지인지 알쏭달쏭한 곳이 있어요. 바로 갯벌이에요. 갯벌은 하루에 두 번 바닷물이 먼 바다 쪽으로 빠져나갈 때에만 넓고 평평한 땅을 드러내지요. 이렇게 신비한 땅 갯벌이 얼마나 대단한 일을 하는지 알면 깜짝 놀랄 거예요.

갯벌의 매력에 푹 빠졌어!

갯벌의 질척한 땅 속에는 조개와 게, 굴, 갯지렁이 등 다양한 생물이 살고 있어요. 이들을 잡아먹는 물새나 철새들도 많이 찾아오지요. 이처럼 갯벌에서는 다양한 생물들이 와글와글 모여 살아간답니다.

갯벌은 바다의 오염 물질을 깨끗이 걸러 내기도 해요. 갯벌에 사는 수많은 미생물들은 오염 물질을 분해해 주고요. 그래서 갯벌의 별명이 '바다의 청소부', '바다의 콩팥'이랍니다.

갯벌은 자연재해로 인한 피해를 줄여 주는 역할도 해요. 육지에서 홍수가 나면 갯벌이 스펀지처럼 물을 빨아들이고, 바다에서 해일이나 태풍이 몰아치면 그 힘을 약하게 만든답니다.

갯벌은 어떻게 만들어질까?

갯벌은 바다에서 밀물과 썰물이 반복되면서 만들어져요. 밀물은 바닷물이 육지 쪽으로 차오르는 것을, 썰물은 바닷물이 바다 쪽으로 빠져나가는 것을 말하지요. 밀물과 썰물은 지구의 모든 바다에서 나타나는 자연 현상이에요. 갯벌은 밀물과 썰물의 차이가 큰 곳에서 발달한답니다.

밀물과 썰물은 해와 달로 인해 생겨나는 현상이에요. 태양과 달, 그리고 지구 사이에는 서로를 끌어당기는 힘이 작용하고 있어요. 이를 '인력'이라고 하지요. 특히 지구 주위를 도는 달은 지구와 가장 가까운 천체여서 끌어당기는 힘이 아주 강해요.

지구는 자전축을 중심으로 하루에 한 바퀴씩 자전해요. 지구가 자전을 하는 동안 달과 가까워지는 곳은 해수면이 높아져요. 달이 바닷물을 강하게 끌어당기기 때문이에요. 그래서 지구가 달과 가장 가까울 때와 가장 멀어질 때, 이렇게 두 번 밀물이 나타나요.

간조: 썰물로 해수면이 가장 낮은 때.
만조: 밀물로 해수면이 가장 높은 때.

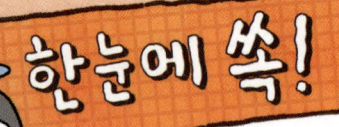

바다와 갯벌의 탄생

바다의 탄생과 최초의 생명체

- 46억 년 전 지구에는 화산이 펑펑 터지고 용암이 흘러내림. 하늘에는 뿌연 기체가 가득 참. ➡ 지구가 천천히 식으면서 대기 중의 수증기가 물방울로 변함. ➡ 물방울이 뭉쳐서 비구름이 만들어짐. ➡ 지구에 아주 오랫동안 비가 내림. ➡ 지구의 골짜기에 빗물이 모여 바다가 생겨남.
- 약 35억 년 전 원시 바다에 남세균이 나타남. ➡ 수억 년 동안 남세균이 바다에서 광합성을 함. ➡ 지구에 이산화 탄소가 줄어들고 산소가 풍부해짐. ➡ 산소로 호흡하는 다양한 생명체가 지구에 나타남.

바다의 넓이와 깊이

- 바다의 넓이는 약 3억 6,000만 제곱킬로미터임. ➡ 지구의 겉넓이 중 약 70퍼센트가 바다이고, 나머지 30퍼센트는 육지임.
- 바다의 평균 깊이는 3.7킬로미터임. ➡ 바다에서 가장 깊은 곳은 태평양에 위치한 마리아나 해구로, 깊이는 약 1만 1,030미터임.
- 오대양: 다섯 개의 큰 바다. 태평양, 인도양, 대서양, 북극해, 남극해가 있음.
- 육대주: 여섯 개의 큰 땅덩어리. 아시아, 아프리카, 유럽, 오세아니아, 북아메리카, 남아메리카가 있음.

바다의 색과 맛

- 빛이 물 알갱이에 부딪히면 파란빛만 반사돼 흩어지고, 나머지 빛들은 물에 흡수됨. ➡ 그래서 바다가 파랗게 보임.
- 평균적으로 바닷물 1킬로그램에는 염류 35그램이 녹아 있음. ➡ 염류에는 짠맛을 내는 염화 나트륨이 가장 많이 들어 있어서 바닷물이 짜게 느껴짐.
- 육지의 암석에 있던 소금 성분이 빗물에 녹아 바다로 흘러 들어감. ➡ 바다 밑 화산 폭발로 다양한 물질들이 나옴. ➡ 소금과 다양한 물질들이 뒤섞이고 물에 녹아 '염류'가 됨.

갯벌의 탄생

- 갯벌은 오랫동안 바닷물이 드나들면서 만들어진 질척한 땅임.
- 태양과 달, 지구 사이에는 서로를 끌어당기는 힘이 작용함. ➡ 지구의 자전과 달의 인력으로 인해 모든 바다에서 밀물과 썰물 현상이 일어남. ➡ 밀물과 썰물이 반복되면서 갯벌이 만들어짐.
- 갯벌에는 다양한 생물들이 모여 살고 있음.
- 갯벌에 사는 수많은 미생물들이 바다의 오염 물질을 분해해 줌. 갯벌이 홍수나 해일 등 자연재해로 인한 피해를 줄여 줌.

바다가 키운 자연재해

태풍, 홍수, 가뭄, 화산 폭발, 해일과 같은 자연 현상으로 피해를 입는 것을 자연재해라고 해요. 그중에 해일과 태풍은 보통 바다에서 비롯된답니다.

무시무시한 해일

파도는 바닷물이 오르락내리락하면서 물결치는 현상이에요. 주로 바람에 의해서 생기기 때문에 바람이 거셀수록 파도도 더 높아지지요. 해일은 집채만 한 파도가 육지까지 들이닥치는 현상을 말해요. 태풍 때문에 생겨난 해일이 있는가 하면, 바다 밑에서 일어난 화산 폭발이나 지진으로 생겨나는 해일도 있어요.

'쓰나미'는 바다 밑 지진으로 생겨난 해일을 이르는 말이에요. 해일의 규모가 커서 파괴력도 엄청나지요. 실제로 2004년 인도네시아 수마트라섬과 2011년 일본 동북부에 쓰나미가 덮친 적이 있었어요. 집채만 한 파도가 눈 깜짝할 사이에 마을을 휩쓸어 주민들에게 엄청난 피해를 입혔답니다.

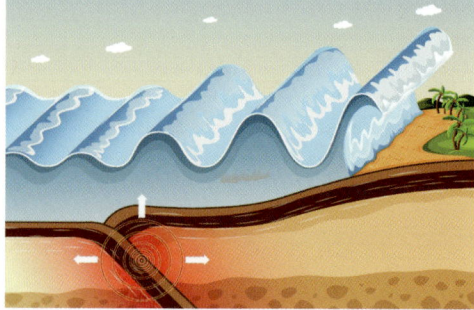

태풍도 얕보면 안 돼!

태풍은 햇볕을 받아서 뜨겁게 달구어진 바다의 덥고 습한 공기로 만들어진 회오리 구름이에요. 무더운 여름, 필리핀 근처의 적도 바다에서 만들어지지요. 태풍은 따뜻한 바다 위에서 계속 힘을 키우면서 이동해요.

태풍이 머무는 지역에는 비바람이 심하게 몰아치기 때문에 사람들이 큰 피해를 입곤 하지요. 일단 태풍이 예보되면 계속해서 일기 예보를 주의 깊게 듣고 안전사고에 대비해야 해요. 되도록 바깥 활동은 하지 않는 게 좋아요.

한편, 태풍은 회오리 구름이 어디서 맨 처음 만들어졌는지에 따라 부르는 이름이 달라요. 적도 부근의 태평양은 '태풍', 인도양은 '사이클론', 대서양 서부는 '허리케인'이라고 불러요.

- 여러 가지 해안 지형
- 여러 가지 해저 지형
- 우리나라 바다의 특징
- 세계가 인정한 우리 갯벌

　한눈에 쏙　 바다가 만든 땅
　한 걸음 더　 신나는 바다 축제로 초대합니다!

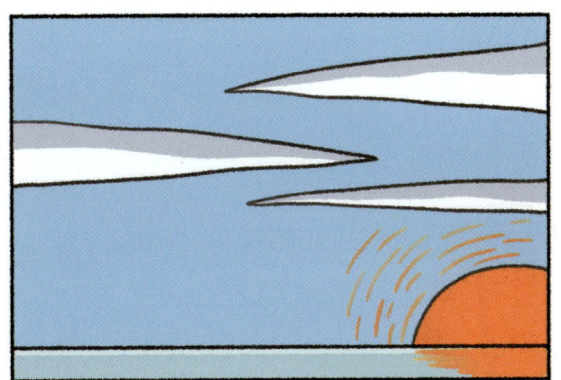

여러 가지 해안 지형

바닷가에 가면 오랜 시간 침식과 퇴적을 반복하면서 만들어진 여러 가지 해안 지형들을 찾아볼 수 있어요. 침식은 물과 바람 등에 의해 바위나 땅이 깎이는 것을 말해요. 그와 반대로 흙과 모래 등이 강이나 바다 밑에 쌓이는 것을 퇴적이라고 하지요. 지금부터 신기한 해안 지형들을 함께 알아보아요.

만과 곶

육지가 바다 쪽으로 툭 튀어나온 곳을 '곶', 바다가 육지 쪽으로 파고든 곳을 '만'이라고 불러요. 곶은 강한 파도에 부딪쳐서 침식 작용이 활발하게 일어나요. 만은 오목하게 파여 있어 파도의 힘이 약해지기 때문에 퇴적 작용이 더 활발하지요. 물결이 잔잔하고 자갈과 모래가 쌓여 있는 만은 배가 드나드는 항구로 이용돼요.

해식 절벽과 해식 동굴

해식 절벽은 바다와 맞닿은 육지가 오랫동안 파도에 깎여서 만들어진 절벽이에요. 또 절벽의 무른 부분이 오랫동안 파도에 부딪쳐 파이다 보면 해식 동굴이 생겨나지요. 해식 절벽이나 해식 동굴처럼 침식이 일어난 곳 밑에는 퇴적물들이 쌓여 파식 대지가 생기기도 해요.

시아치와 시스택

해식 동굴이 파도에 계속해서 깎이다가 구멍이 뻥 뚫리면 기둥과 지붕만 남은 아치 모양이 되는데, 이를 시아치(sea arch)라고 해요. 시아치에서 지붕이 무너지거나, 육지와 완전히 떨어져서 기둥만 덩그러니 남은 것은 시스택(sea stack)이라고 하지요. 울릉도에 가면 시아치인 코끼리 바위와 시스택인 촛대 바위를 모두 볼 수 있어요.

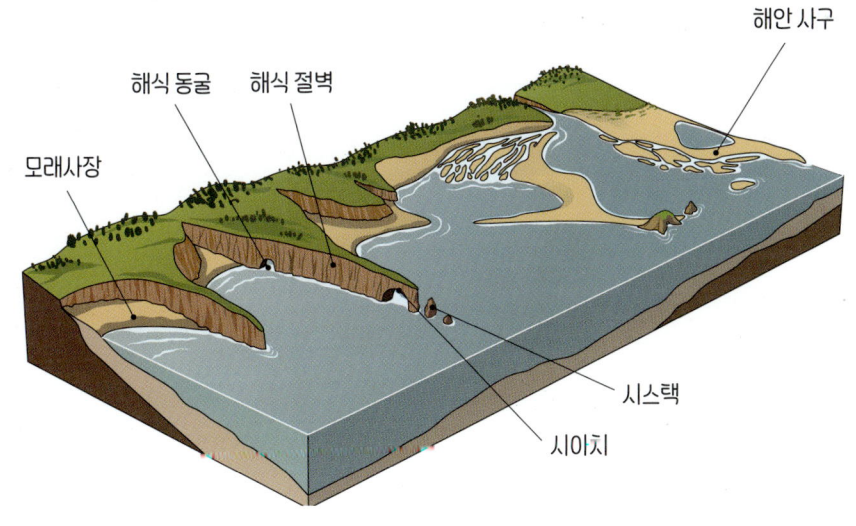

모래사장과 해안 사구

암석이 파도에 잘게 부서져 모래가 되고, 이 모래가 바닷가에 오래도록 쌓이면 모래사장이 돼요. 침식과 퇴적이 함께 이루어 낸 지형이지요. 열대 지방에서는 조개껍데기나 산호 조각이 잘게 부서져  만들어진 모래사장이 많아요. 이처럼 고운 모래가 넓게 펼쳐진 모래사장은 대부분 해수욕장으로 이용돼요.

모래사장의 모래들이 강한 바닷바람에 날려 언덕 모양으로 쌓이면 해안 사구가 만들어져요. 강한 바람과 소금기 등으로 식물이 자라기 힘든 조건인데도 해안 사구에는 식물들이 깊게 뿌리를 내려 살고 있어요. 이는 해안 사구에서만 볼 수 있는 독특한 생태계로, 이러한 생태계를 소중히 여기고 보존해야 한다는 목소리가 높답니다.

해안 사구

리아스 해안과 피오르

해안선이 들쭉날쭉 복잡한 해안을 가리켜 리아스 해안이라고 해요. 아주 오래전에 하천에 의해 깎이고 깎여서 산과 골짜기였던 곳에 바닷물이 들어와 만들어진 것이에요. 육지의 일부는 물에 잠기고, 물 밖으로 보이는 육지는 섬이 되기도 하지요. 우리나라 서해안이나 남해안이 대표적인 리아스 해안이에요.

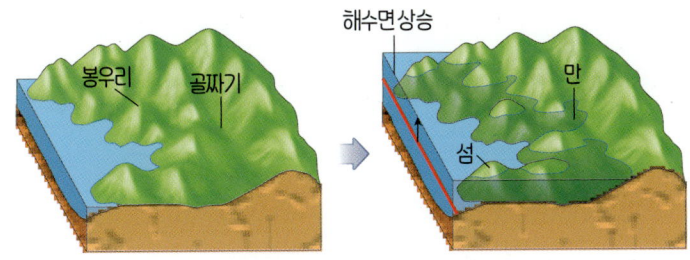

리아스 해안이 만들어지는 과정

빙하가 만든 해안 지형도 있어요. 먼저 빙하가 산을 U자 모양으로 깎아 내려가면서 U자곡이라는 골짜기를 만들어요. 그 후 시간이 흐르면서 빙하는 녹아 사라져 버리고 그 자리를 바닷물이 채워 좁고 긴 지형이 생겨나지요. 이를 피오르라고 해요. 노르웨이나 아이슬란드 등 북유럽의 해안에서 볼 수 있어요.

피오르가 만들어지는 과정

여러 가지 해저 지형

바다 밑에도 땅이 있어요. 육지에 산과 들판, 강과 계곡 등 다양한 지형이 있듯이 바다 밑도 마찬가지예요. 바다 밑 땅의 모습을 해저 지형이라고 해요. 이제부터 해저 지형을 함께 탐험해 봐요.

바다 생물이 가장 많이 사는 대륙붕

대륙붕은 바닷가에서 가장 가까운 곳으로 수심이 그리 깊지 않고 대체로 평평해요. 평균 깊이는 200미터가 채 되지 않아서 햇빛이 잘 비치고 바다 생물의 먹이인 플랑크톤도 풍부하지요. 그래서 이곳에 바다 생물이 가장 많이 살고 있어요. 대륙붕의 끝자락에는 땅이 급격하게 기울어지는 대륙 사면이 나와요. 이곳으로 퇴적물이 흘러내려와 쌓이면서 대륙대가 만들어졌지요. 대륙대를 지나면 비로소 깊은 바다가 나타나요. 참고로, 대륙대는 해구가 형성되어 있는 곳에서는 나타나지 않아요.

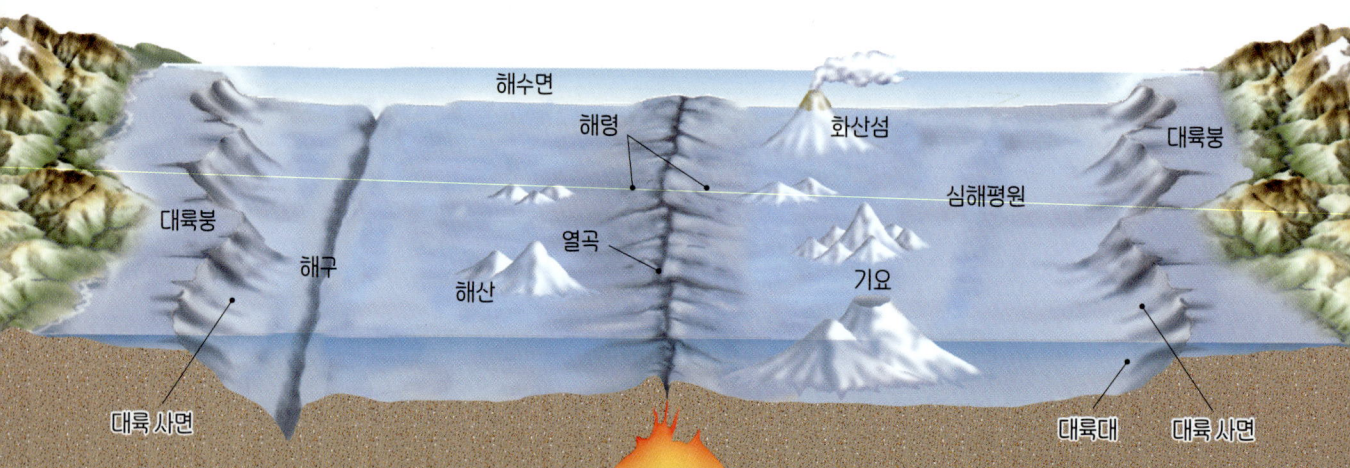

바다 밑 화산이 만든 해산과 해령

대륙붕이 끝나면서부터 펼쳐지는 2,000~6,000미터 깊이의 평평한 바다를 심해평원이라고 해요. 지구를 둘러싼 새파란 바다 대부분이 심해평원이에요.

깊은 바닷속에는 산은 물론이고 산이 길게 늘어선 산맥도 있어요. 바닷속에 있는 산을 해산, 산맥을 해령이라고 불러요. 둘 다 화산 활동을 통해 만들어졌지요.

해령에서는 마그마가 땅을 뚫고 솟아오르기를 반복하며 새로운 땅이 계속 만들어진답니다. 먼저 생겨난 땅은 옆으로 밀려나지요. 그래서 해령에 가까울수록 새로운 땅이고, 멀수록 오래된 땅이에요.

과학자들은 해령을 연구하다가 바다 밑에 있는 땅이 쉬지 않고 1년에 몇 센티미터씩 옆으로 움직이고 있다는 사실을 알아냈어요. 해령은 태평양뿐만 아니라 대서양, 인도양의 바다 밑에도 있어요. 대서양에서는 해령이 1년에 약 4센티미터씩 벌어지고 있다고 해요.

바닷속 깊은 골짜기, 해구

바닷속에서 나타나는 깊고 좁은 지형을 해구라고 해요. 해령이 새로운 땅을 만들어 내는 곳이라면, 해구는 땅이 파고들어 사라지는 곳이에요. 지구의 거대한 땅덩어리가 다른 땅덩어리 밑으로 들어가면

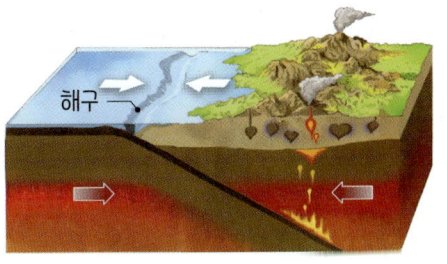

서 깊은 골짜기가 만들어져요.

해구 중에서 특히 깊이 들어간 부분은 해연이라고 해요. 지금까지 밝혀진 바에 따르면 비티아즈 해연(1만 1,034미터)이 가장 깊어요. 비티아즈 해연은 마리아나 해구 남쪽 끝에 있으며, 1957년 구소련의 관측선 비티아즈호가 처음 발견했어요.

해저 지형은 어떻게 관측할까?

챌린저호

오로지 바다 탐사만을 위해 항해를 떠난 세계 최초의 배가 있었어요. 바로 영국의 챌린저호였어요. 챌린저호는 1872년부터 1876년까지 3년이 넘도록 전 세계 바다를 누비면서 바닷속의 비밀을 파헤쳤지요.

챌린저호의 과학자들은 바다의 깊이를 알아보기 위해 눈금을 표시한 긴 밧줄에 무거운 납덩어리 추를 매달아 바다에 빠뜨렸어요. 추가 바닥에 닿으면 밧줄의 눈금을 보고 깊이를 측정했지요. 이 방법으로 태평양과 대서양의 깊이를 최초로 알아냈답니다. 더 나아가 바닷속에 해령과 해구가 있다는 사실을 알아냈고, 바닷속 생태계와 바닷물의 성분 등도 연구하면서 해양 과학을 크게 발전시켰어요.

바다 탐사를 향한 인간의 노력은 여기서 멈추지 않았어요. 납덩어리 추를 이용해 바다의 깊이를 재는 방법은 측정 시간이 오래 걸리고, 해류나 지형의 영향을 받아 결과가 정확하지 못했어요. 이런 한계를 극복하기 위해 1920년대에 음향 측심기가 발명되었답니다. 음향 측심기는 바닷속에 초음파를 발사한 뒤 초음파가 밑바닥에 부딪쳐 다시 되돌아오는 시간을 계산해서 바다의 깊이를 알아

음향 측심법의 원리

내지요. 이러한 방법을 음향 측심법이라고 해요. 오늘날 음향 측심법은 더욱 발전하여 수백 개의 음파를 바다로 발사해 보다 넓은 지역을 미세하게 측정할 수 있게 되었어요.

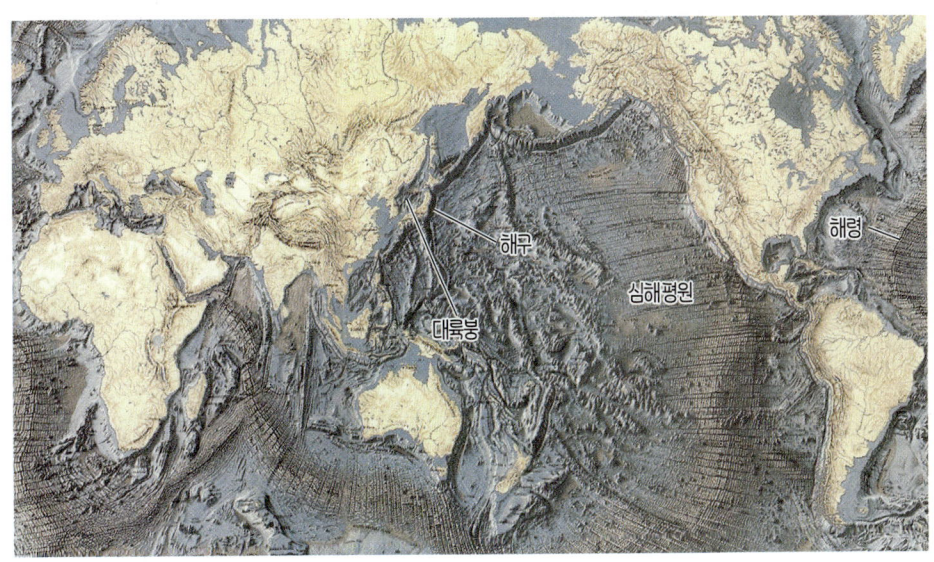

세계 해저 지형

2화 지리 – 바다가 만든 땅

우리나라 바다의 특징

대륙에서 바다 쪽으로 길게 뻗어 나오고 삼면이 바다에 둘러싸인 땅을 반도라고 해요. 그래서 우리 땅을 한반도라고 부르지요. 한반도는 북쪽을 뺀 나머지 세 면이 황해, 남해, 동해로 둘러싸여 있어요. 지금부터 우리나라 땅을 둘러싼 세 바다에 대해 알아보려고 해요. 세 바다에는 어떤 특징들이 있을까요?

갯벌이 발달한 황해

황해는 중국과 우리나라 사이에 있는 좁은 바다예요. 북쪽으로는 보하이만, 남쪽으로는 동중국해와 연결되지요. 흔히 서해라고도 불러요. 황해라는 이름은 중국 황허강에서 흘러든 황토로 바닷물이 누레 그렇게 불렸다는 설과 우리나라 황해도에서 유래했다는 설이 있어요.

황해는 해안선이 들쭉날쭉한 리아스 해안이에요. 또 해저 지형이 대륙붕이어서 수심이 얕고, 밀물과 썰물의 차이가 커서 갯벌이 발달했어요. 진흙 갯벌이 많아서 바닷물이 대부분 황톳빛을 띠지요.

아름다운 섬이 많은 남해

남해는 동쪽으로는 쓰시마섬, 서쪽으로는 흑산도, 남쪽으로는 제주도를 잇는 바다예요. 남해 중 일부는 제주 해협이라고 부르는데, 전라  남도와 제주도 사이의 바다를 말해요. 우리나라와 일본 규슈 사이의 바다는 대한 해협이라고 해요. 해협은 육지 사이에 끼어 있는 좁고 긴 바다를 뜻하지요.

남해는 해안선이 들쭉날쭉하고 섬이 많은 다도해랍니다. 남해의 크고 작은 섬을 모두 헤아리면 2,000개가 넘는다고 해요. 특히 남해에는 오랜 세월 동안 파도에 깎여서 만들어진 신기하고 아름다운 모습의 섬이 많아요. 사람들은 자연이 빚어낸 조각품에 촛대 바위, 거북 바위 등과 같은 이름을 붙여 주었지요. 이처럼 자연 경관이 뛰어난 남해는 여수를 중심으로 서쪽은 다도해 해상 국립 공원, 동쪽은 한려 해상 국립 공원으로 지정되었답니다.

남해도 해저 지형 대부분이 대륙붕으로 수심이 얕고, 밀물과 썰물의 차이가 커서 갯벌이 발달했어요. 바다 생물 양식장도 많지요.

해안선이 단조롭고 수심이 깊은 동해

동해는 태평양과 연결되면서 우리나라와 일본, 러시아에 둘러싸여 있는 바다예요.

동해는 해안선이 쭉 뻗어 있어 단조로워요. 밀물과 썰물의 차이가 크지 않고 갯벌도 없지요. 그 대신에 모래사장이 넓은 해안이 많아요. 주문진, 정동진 등 이름난 해수욕장들이 동해안을 따라 죽 늘어서 있답니다.

동해는 우리나라를 둘러싼 바다 중에 가장 깊어요. 평균 1,500미터 깊이의 동해 바닷속에는 대륙붕뿐만 아니라 대륙 사면, 대륙대, 심해평원도 있어요. 특히 울릉도와 독도는 심해평원에 우뚝 솟은 해산이 바다 위로 드러난 섬이에요. 바다 밑 화산 활동으로 만들어진 섬이라 울릉도 꼭대기에는 분화구의 흔적이 남아 있어요.

바닷가에 퇴적 작용으로 인해 만들어지는 호수를 석호라고 하는데, 동해안에는 경포호, 화진호, 영랑호 등 일곱 개의 석호가 있어요. 아주 오래전, 지구의 빙하기가 끝나 빙하가 녹으면서 동해안의 해수면이 높아지자 골짜기로 바닷물이 들어찼어요. 그 골짜기 입구에 퇴적물이 쌓이면서 호수가 되었답니다. 석호는 경치가 아름다울 뿐만 아니라 바다 생태계와 민물 생태계가 동시에 있는 중요한 지형이에요.

세계가 인정한 우리 갯벌

우리나라는 서해안과 남해안에 골고루 갯벌이 펼쳐져 있어요. 그중 서해안의 갯벌이 전체 갯벌 면적의 83퍼센트를 차지하지요.

우리나라의 갯벌은 규모가 크고 생물의 종류도 다양해서 세계에서 다섯 손가락 안에 드는 중요한 갯벌로 꼽혀요.

2021년 7월에는 충남 서천, 전북 고창, 전남 신안, 전남 보성-순천 갯벌이 유네스코 세계 자연 유산으로 지정되어 우리나라 갯벌의 가치를 전 세계에 알렸답니다.

세계 5대 갯벌

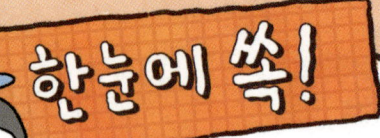

바다가 만든 땅

여러 가지 해안 지형

- 바닷가에는 침식과 퇴적 작용으로 인해 다양한 해안 지형이 만들어짐.
- 침식은 물과 바람 등으로 인해 바위나 땅이 깎이는 것임. ➡ 곶, 해식 절벽, 해식 동굴, 시아치, 시스택 등이 만들어짐.
- 퇴적은 물과 바람 등으로 인해 흙과 모래 등이 강이나 바다 밑에 쌓이는 것임. ➡ 만, 파식 대지, 모래사장, 해안 사구 등이 만들어짐.
- 리아스 해안: 해안선이 들쭉날쭉 복잡한 해안.
- 피오르: 빙하가 깎은 U자 모양의 골짜기에 바닷물이 채워져 만들어진 해안 지형.

여러 가지 해저 지형

- 바다 밑 땅의 모습을 해저 지형이라고 함. 대륙붕, 대륙 사면, 대륙대, 심해평원, 해산, 해령, 해구, 해연 등이 있음.
- 대륙붕: 바닷가에서 가장 가까운 곳으로, 평균 수심이 200미터가 채 되지 않음. 햇빛이 잘 비치고 플랑크톤이 풍부해 바다 생물이 가장 많이 살고 있음.
- 해산과 해령: 깊은 바닷속에 있는 산을 해산, 산맥을 해령이라고 함. 둘 다 바다 밑 화산 활동을 통해 생겨남.

- 해구와 해연: 바닷속에 나타나는 깊고 좁은 지형을 해구라고 함. 해연은 해구 중에서 특히 깊이 들어간 부분을 가리킴.

우리나라를 둘러싼 세 바다의 특징
- 황해: 우리나라 서쪽에 있는 바다로 리아스 해안임. ➡ 밀물과 썰물의 차이가 커서 갯벌이 발달함.
- 남해: 우리나라 남쪽에 있는 바다로 해안선이 복잡하고 섬들이 많음. ➡ 자연 경관이 뛰어나 대부분 국립 공원으로 지정됨. ➡ 밀물과 썰물의 차이가 커서 갯벌이 발달함.
- 동해: 우리나라 동쪽에 있는 바다로 해안선이 단조롭고 수심이 깊음. ➡ 동해안을 따라 주문진, 정동진 등 이름난 해수욕장들이 쭉 늘어서 있음. ➡ 동해안에는 경포호, 화진호 등 일곱 개의 석호가 있음.

우리나라 갯벌의 가치
- 우리나라 서해안과 남해안에 갯벌이 발달함. 서해안의 갯벌이 우리나라 전체 갯벌 면적의 83퍼센트를 차지함.
- 우리나라 갯벌은 규모가 크고 생물의 종류도 다양함. ➡ 충남 서천, 전북 고창, 전남 신안, 전남 보성-순천 갯벌이 2021년 7월에 유네스코 세계 자연 유산으로 지정됨.

신나는 바다 축제로 초대합니다!

우리나라에서는 각 고장을 알리고 자랑하는 지역 축제가 많이 열려요. 그 중 바닷가에서 열리는 유명한 축제들을 소개할게요!

보령 머드 축제

머드(mud)는 진흙이에요. 서해안 갯벌의 고운 진흙은 미네랄이나 게르마늄 등이 풍부해서 피부 미용에 좋다고 해요. 매년 7~8월 무렵 충청남도 보령의

대천 해수욕장에서 열리는 머드 축제에 가면 진흙 위에서 뒹굴고, 구르고, 미끄러지면서 온몸에 진흙을 뒤집어쓸 수 있어요. 하지만 어느 누구도 얼굴을 찡그리거나 불평하지 않아요. 보령 머드 축제는 세계적으로 유명해서 외국인들도 많이 찾는답니다.

진도 신비의 바닷길 축제

전라남도 진도에는 한국판 '모세의 기적'이라 불리는 신비의 바닷길이 있어요. 매년 음력 3월 즈음에 진도 회동 마을과 모도 마을 사이의 바다는 밀물과 썰물의

차이가 가장 커져요. 이때 바닷물이 쫙 빠지면서 한 시간 정도 2.8킬로미터의 길이 생기지요. 1년에 단 며칠만 열리는 이 바닷길을 걷기 위해 수많은 사람들이 이곳에 모여든다고 해요.

동해안 해돋이 축제

동해안에는 아름다운 해돋이를 볼 수 있는 이름난 지역들이 많아요. 특히 새해 첫날 아침이면 동해안 바닷가 곳곳에서 해맞이 축제가 열리지요. 정동진과 경포대에 가면 바닷가의 멋진 암석들과 함께  해돋이를 감상할 수 있어요. 또 울산 간절곶은 겨울철 우리나라에서 가장 먼저 해가 뜨는 곳이라고 하니 꼭 한번 찾아가 보세요!

부산 해운대 모래 축제

우리나라 사람들이 많이 찾는 부산 해운대 해수욕장에서는 매년 5월에서 6월, 모래 축제가 열려요. 축제가 열리면 세계 각지에서 온 모래 조각가들이 해변에서 작품을 만들기 시작해요. 이들의 웅장한  모래 조각 작품과 환상적인 모래 그림을 감상하면서 즐거운 시간을 보낼 수 있지요. 다양한 체험 행사도 마련돼 있답니다.

- 바닷속 먹이 사슬
- 바닷속 다채로운 동물들
- 갯벌의 먹이 사슬
- 극지방의 바다 생물들
- 한류성 어류와 난류성 어류

한눈에 쏙 바다와 갯벌에 사는 생물들
한 걸음 더 멸종 위기 바다 생물 이야기

 **바닷속 먹이 사슬**

바다는 너무 넓고 깊어서 아직도 인간은 그 속에 어떤 생물이 살고 있는지 다 알지 못해요. 그래서 더 신비롭게 느껴지곤 하지요. 하지만 분명한 것은 바닷속에도 생태계가 있다는 거예요. 지금부터 바닷속에 누가 살고 있는지 알아보아요.

먹고 먹히는 바닷속 생태계

생물들이 먹고 먹히는 관계를 먹이 사슬이라고 해요. 바닷속 생태계도 이러한 먹이 사슬로 복잡하게 얽히고설켜 있어요.

바다에는 우리 눈으로 볼 수 없는 아주 작은 생물이 수없이 떠다니고 있어요. 바로 플랑크톤이지요. 플랑크톤은 그리스어로 떠돌이라는 뜻이에요.

플랑크톤은 식물 플랑크톤과 동물 플랑크톤으로 나뉘어요. 식물 플랑크톤은 육지의 식물처럼 햇빛과 물만으로 영양분을 만들며 살아요. 동물 플랑크톤은 바다 생물의 알이나 새끼, 크릴새우 같은 아주 작은 생물이에요. 이들은 식물 플랑크톤이나 해조류를 먹고 자라서 큰 물고기에게 잡아먹히

바닷속 먹이 사슬

지요. 이렇게 계속 먹고 먹히다가 최종 포식자인 상어나 고래까지 다 다라요. 최종 포식자가 죽으면 분해되어 다시 식물 플랑크톤이나 해조류의 먹이가 된답니다.

바다에서 자라는 식물, 해조류

김이나 미역, 다시마 같은 바다 식물을 해조류라고 해요. 육지의 식물은 뿌리로 땅속의 물과 양분을 빨아들이지만, 해조류는 잎으로 바닷물의 양분을 빨아들여요. 그래서 뿌리를 대신해 몸을 고정시켜 주는 부착부가 있어요.

해조류도 엽록소로 광합성을 해요. 해수면 가까운 곳은 빛을 많이 받아서 초록빛을 띠고, 해수면에서 멀어질수록 빛을 적게 받아서 갈색과 붉은색으로 자랍니다. 이를 순서대로 녹조류, 갈조류, 홍조류라고 하지요. 녹조류는 파래, 청각, 바다 포도 등이 있고, 갈조류는 다시마, 톳, 미역 등이 있어요. 김, 꼬시래기, 우뭇가사리 등은 홍조류예요.

바다 포도

다시마

우뭇가사리

바닷속 다채로운 동물들

동물을 분류하는 방법은 여러 가지가 있지만 크게는 등뼈, 즉 척추가 있는지 없는지에 따라 둘로 나눌 수 있어요.

바닷속 동물들 중 척추동물은 어류, 포유류, 파충류로 나눌 수 있어요. 무척추동물은 연체동물, 자포동물, 해면동물, 극피동물, 절지동물로 나눌 수 있고요. 이제부터 각각의 동물들을 살펴보도록 해요.

바다에 가장 많은 척추동물, 어류

바다에 살고 있는 동물 중 가장 흔한 건 물고기라고 부르는 어류예요. 아주 작은 멸치도, 무시무시한 상어도 모두 등뼈가 있는 어류랍니다. 어류는 바다 생태계에서 가장 많은 비중을 차지해요.

어류는 아가미로 숨을 쉬어요. 또 물속에서 잘 헤엄쳐 다닐 수 있도록 지느러미가 여러 개 있어요. 몸은 비늘로 덮여 있고, 알을 낳지요.

인간은 정온 동물이라서 약 36.5도의 체온을 늘 유지해요. 그러나 어류는 바깥 온도에 따라 체온이 변하는 변온 동물이에요. 그래서 자신에게 알맞은 온도의 물에서 살아야 해요.

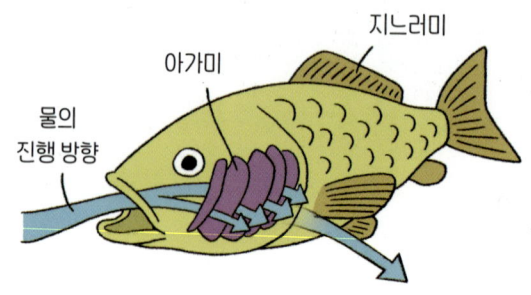

어류는 아가미를 이용해 물에 녹아 있는 산소를 흡수하고 이산화 탄소를 내뱉어요.

새끼를 낳아 기르는 바다 포유류

바다 포유류로는 범고래와 돌고래, 바다사자, 물범 등이 있어요. 이들은 아가미가 아닌 폐로 호흡을 해요. 고래가 바다의 수면 위로 번쩍 올라와서 분수처럼 물을 내뿜는 모습을 본 적이 있나요? 이것은 머리 윗부분에 있는 분수공으로 숨을 내쉬기 위한 행동이랍니다.

바다 포유류는 어류처럼 알을 낳지 않아요. 새끼를 낳고 젖을 먹여 키워요. 또 주변의 온도와 상관없이 체온이 일정한 정온 동물이에요. 생김새는 물고기와 닮았지만 포유류의 특성을 지니고 있답니다.

고래는 포유류 중에서도 몸집이 가장 커요. 특히 대왕고래는 지구상의 동물 중에서 가장 덩치가 크지요. 몸길이가 최대 33미터이고, 몸무게는 약 180톤에 가까워요. 그러나 재밌게도 대왕고래는 바다에서 가장 작은 플랑크톤을 주로 먹어요.

대왕고래

바다사자

온몸이 비늘로 덮인 파충류

파충류는 어류처럼 바깥 온도에 따라 체온이 달라지는 변온 동물이지만 포유류처럼 허파로 숨을 쉴 수 있어요. 그래서 물속과 육지를 오가며 살지요.

파충류는 대부분 벌어진 네 개의 다리로 기어 다녀요. 또 알을 낳고 해조류를 뜯어 먹거나 작은 물고기를 잡아먹어요. 하지만 예외도 있지요. 뱀은 파충류이지만 다리가 없어요.

특히 파충류에게 비늘은 매우 중요해요. 비늘이 있어서 피부가 늘 촉촉하거든요. 그래서 사막 같은 건조한 곳에서도 살 수 있는 거예요. 파충류는 자라면서 오래된 비늘은 허물처럼 벗고 새 비늘을 만들어 내는 '탈피'를 한답니다.

바다뱀　　　　　　　바다거북　　　　　　　바다악어

몸이 흐느적흐느적, 연체동물

연체동물은 연하고 부드러운 몸을 가진 동물이라는 뜻이에요. 보통 연체동물의 몸은 머리, 내장, 다리, 외투막의 네 부분으로 되어 있으며 뼈가 없어요.

 부드러운 몸으로 흐느적흐느적 움직이는 오징어와 문어, 몸을 보호하기 위해 딱딱한 껍데기에 싸인 조개나 소라 모두 연체동물이에요. 연체동물은 발의 위치에 따라서 다음과 같이 종류가 나뉘어요.

발의 위치에 따른 구분

복족류	부족류(이매패류)	두족류
배에 다리가 달림	도끼 모양의 납작한 발이 있음	머리에 다리가 달림
전복	조개	오징어
소라	굴	문어

조개가 만든 보석, 진주

조개는 몸속에 모래 알갱이 같은 작은 이물질이 들어오면 몸을 보호하려고 애를 쓰기 시작해요. 즉, 단단한 조개껍데기를 만드는 외투막에서 분비물을 내보내 이물질을 에워싸지요. 이 분비물이 이물질을 겹겹이 감싸고 단단해지면서 아름다운 빛깔의 진주가 탄생해요.

건들면 쏜다! 자포동물

산호와 말미잘, 해파리는 모두 길고 뾰족한 촉수를 가지고 있어요. 촉수 안에는 먹잇감이나 적을 향해 독을 쏘는 '자포'라는 기관이 있지요. 이들을 자포동물이라고 해요.

자포동물은 입과 항문이 하나로, 구분되지 않아요. 산호는 대부분 바닥이나 바위에 붙은 채로 무리 지어 살아요. 입으로 바닷물을 빨아들여 플랑크톤을 소화시킨 뒤 배설물을 내뱉지요. 말미잘도 대부분 다른 동물이나 바위에 붙어 살아요. 넓적한 발로 미끄러지듯 이동하는 부류도 더러 있어요. 말미잘은 산호와 달리 모여 살지는 않아요.

해파리는 스스로 움직일 수 없어 물에 둥둥 떠다녀요. 물을 빨아들였다 내뱉기 때문에 위아래로 움직이는 것처럼 보여요. 몇몇 해파리의 독은 사람에게도 아주 위험해요.

산호

말미잘

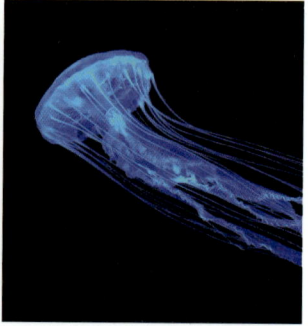
해파리

구멍이 숭숭 뚫린 해면동물

해면동물은 구멍이 숭숭 뚫린 스펀지처럼 생겼어요. 바위 같은 곳에 붙어 살며, 몸에 구멍이 하나인 것부터 여럿인 것까지 종류가 다양해요. 몸의 구멍으로 물을 빨아들여 플랑크톤을 소화시킨 뒤에 다시 구멍으로 물을 내보내요. 눈과 귀 같은 감각 기관이 없고, 신경도 없어 아픔을 느끼지 못해요. 이렇게 몸의 구조가 단순해서인지 해면동물은 아주 오랜 옛날부터 지금까지 쭉 바다에 살아남아 있어요. 실제로 약 5억 년 전 해면의 화석이 발견되었다고 해요.

해면동물

앗, 따가워! 뾰족뾰족 극피동물

극피동물은 몸에 가시가 돋친 동물이에요. 온몸에 뾰족뾰족 가시 돋친 성게, 피부가 울퉁불퉁한 해삼과 불가사리 등이 여기에 속하지요. 척추동물은 아니지만 몸을 지탱해 주는 속뼈가 있답니다. 극피동물은 바다에서만 볼 수 있어요. 또 반으로 접었을 때 양쪽이 꼭 맞아 떨어지는 대칭 형태예요.

불가사리

성게

해삼

몸에 마디가 있는 절지동물

절지동물은 무척추동물 중에서 몸이 딱딱하고 몸과 다리에 마디가 있는 동물이에요. 크게는 곤충류, 거미류, 갑각류, 다지류로 나뉘지요.

절지동물 중에서도 갑각류는 딱딱한 껍질로 둘러싸여 있고, 대부분 물속에 살며 아가미로 숨을 쉬어요. 아주 작은 크릴새우부터 따개비, 커다란 바닷가재(랍스터)나 왕게(킹크랩)도 모두 갑각류에 속해요.

게나 가재는 열 개의 다리 중에 유난히 큰 한 쌍의 집게발로 먹이를 잡거나 싸움을 해요. 남은 네 쌍의 다리로는 바닷속이나 해변의 바닥을 기어 다니면서 갯지렁이, 오징어, 작은 물고기 등을 잡아먹어요.

새우는 머리와 가슴과 배에 모두 다리가 있는데, 배에만 열 개의 다리가 있어서 다리가 열 개인 동물로 분류해요. 특히 동물 플랑크톤인 크릴새우는 거의 모든 바다 생물의 먹이로, 바다 생태계에서 매우 중요한 생물이에요.

갯벌의 먹이 사슬

갯벌을 가만히 들여다보면 크고 작은 구멍들을 많이 볼 수 있어요. 이 구멍은 갯벌 생물들이 드나든 흔적이에요. 조개와 게, 갯지렁이와 낙지 같은 동물들이 그 구멍 속에 살고 있지요. 덕분에 구멍으로 물과 공기가 드나들어 갯벌이 썩지 않고 동물들이 살기 좋은 환경이 만들어져요. 게다가 구멍 속에 쏙 숨으면 무서운 천적이나 뜨거운 햇빛도 피할 수 있답니다.

갯벌 생물들도 서로 먹고 먹히며 고유의 생태계를 이루고 있어요. 특히 갯벌 생태계에서는 진흙 속의 박테리아나 미생물이 아주 중요한 역할을 해요. 이들은 시내와 강 또는 바다에서 흘러 들어오기도 하는데, 생물의 시체나 배설물을 분해하여 수많은 갯벌 생물들에게 먹이를 제공해요. 또한 갯벌의 최고 포식자인 새나 우렁이가 죽으면 분해되어 다시 수많은 생물의 먹이가 돼요.

생산자: 해조류, 식물 플랑크톤 → 1차 소비자: 조개, 짱뚱어, 게, 고둥 → 2차 소비자: 큰구슬우렁이, 도요새나 갈매기 → 분해자: 각종 박테리아와 미생물

극지방의 바다 생물들

　지구의 양쪽 끝에 위치한 남극과 북극은 굉장히 추워요. 두 곳은 얼핏 비슷해 보이지만 달라요. 북극은 두꺼운 얼음으로 뒤덮인 바다이고, 남극은 두꺼운 얼음으로 뒤덮인 육지예요. 이런 곳에서도 생물들이 살고 있답니다.

　극지방의 찬 바닷속에는 플랑크톤이 풍부해요. 하지만 따뜻한 열대 바다에 비해 생물의 종류가 적어요. 대부분 추위에 강한 동물들이 살고 있지요. 어류로는 대구류, 명태류, 가자미류, 연어류, 청어와 열빙어 등이 있어요. 거대한 갑각류와 고래도 살고 있지요.

　남극에는 펭귄과 바다표범도 많이 살아요. 이들도 동물 플랑크톤인 크릴을 먹지요. 크릴은 극지방 생태계의 밑바탕이 되는 중요한 생물이에요. 북극에는 북극곰처럼 흰색 동물들이 많아요. 북극순록과 하프물범, 북극여우 등은 흰색 털 덕분에 적으로부터 자신을 보호하고 추위에도 잘 견딜 수 있답니다.

북극해에 사는 일각돌고래

북극곰

한류성 어류와 난류성 어류

바다는 바람이나 바닷물의 온도 등으로 인해 계속 일정한 방향으로 흘러요. 이런 바닷물의 흐름을 해류라고 해요. 바다에는 약 40개의 해류가 있어요. 대체로 커다란 원을 그리며 일정하게 흐르지요.

해류 중에서도 적도 부근의 따뜻한 바닷물이 극지방 쪽으로 흐르는 것을 난류라고 해요. 극지방 부근의 차가운 바닷물이 적도 쪽으로 흐르는 것을 한류라고 하고요. 난류가 흐르는 지역은 덥고 습한 기후가 나타나고, 한류가 흐르는 지역은 춥고 건조한 기후가 나타나요. 이렇게 바다에서 한류와 난류가 돌고 돌기 때문에 지구의 열이 골고루 퍼질 수 있는 거랍니다. 난류 지역에서는 오징어, 꽁치, 멸치, 고등어 등이 살고, 한류 지역에서는 대구, 청어, 명태 등이 살아요.

특히 한류와 난류가 만나는 곳은 산소와 플랑크톤이 풍부해서 다양한 바다 생물이 모여들어요. 이곳을 조경 수역이라고 해요. 우리나라 동해도 조경 수역이어서 어업 활동이 활발하게 이루어져요.

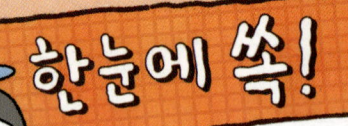

바다와 갯벌에 사는 생물들

바다 생태계의 먹이 사슬
- 바다 생태계는 [해조류와 식물 플랑크톤] ➡ [동물 플랑크톤] ➡ [작은 물고기(정어리, 고등어 등)] ➡ [중간 물고기(참치, 대구 등)] ➡ [큰 물고기(상어, 고래 등)] ➡ [분해] 순으로 먹고 먹히면서 순환함.

바다 생물의 분류
- 해조류: 바다 식물로, 엽록소를 가지고 있어 광합성을 함. 김이나 미역, 다시마 등이 있음.
- 척추동물: 어류는 바다 생태계에서 가장 많은 비중을 차지함. 아가미로 호흡하고, 알을 낳으며 변온 동물임. ➡ 바다 포유류는 암컷이 새끼를 낳아 기름. 폐로 호흡하며 정온 동물임. 범고래와 돌고래, 바다사자 등이 있음. ➡ 파충류는 온몸이 비늘로 덮여 있고 변온 동물임. 폐로도 호흡할 수 있어 물속과 육지를 오가며 삶. 바다뱀, 바다거북, 바다악어 등이 있음.
- 무척추동물: 연체동물은 연하고 부드러운 몸을 가짐. 오징어와 문어, 조개와 소라 등이 있음. ➡ 자포동물은 길고 뾰족한 촉수 안에 독을 쏘는 자포를 지님. 산호, 말미잘, 해파리 등이 있음. ➡ 해면동물은 구멍이 숭숭 뚫린 스펀지처럼 생김. ➡ 극피동물은 온몸에 가시가 돋침. 불가사리, 성게, 해삼 등이 있음. ➡ 절지동물은 몸이 딱딱하고 몸과 다리에 마디가

있음. 절지동물 중 물속에 사는 갑각류로는 바닷가재, 왕게, 새우, 따개비 등이 있음.

갯벌 생태계의 먹이 사슬
- 갯벌 생태계는 [생산자(식물 플랑크톤, 해조류)] ➡ [1차 소비자(조개, 짱뚱어, 고둥 등)] ➡ [2차 소비자(큰구슬우렁이, 도요새나 갈매기 등)] ➡ [분해자(각종 박테리아와 미생물)] 순으로 먹고 먹히며 순환함.

극지방의 바다 생물들
- 극지방 바닷속에는 플랑크톤이 풍부함. ➡ 대구류, 명태류, 가자미류, 연어류, 청어, 열빙어 등이 극지방 바다에 살고 있음. ➡ 북극에는 북극곰, 하프물범 등 흰색 동물이 많음. 흰 털로 자신을 보호하고 추위를 이겨 냄.

한류성 어류와 난류성 어류
- 해류는 바닷물이 계속 일정한 방향으로 흐르는 것을 말함. ➡ 차가운 바닷물의 흐름을 한류라고 함. 한류성 어류로는 대구, 청어, 명태 등이 있음. ➡ 따뜻한 바닷물의 흐름을 난류라고 함. 난류성 어류로는 오징어, 꽁치, 멸치, 고등어 등이 있음.
- 조경 수역: 한류와 난류가 만나는 곳으로, 다양한 물고기들이 잡히는 황금 어장임.

멸종 위기 바다 생물 이야기

멸종이란 생물의 한 종류가 모두 죽어 세상에서 완전히 사라지는 것을 말해요. 생물이 멸종하는 데에는 여러 가지 이유가 있어요. 갑작스러운 기후 변화나 환경 오염, 인간들의 무분별한 자연 개발과 사냥 등이 대표적인 이유이지요. 바다 생물 중에도 이미 멸종되었거나 멸종 위기에 놓인 생물종이 많아요. 어떤 생물인지 함께 볼까요?

멸종된 바다 동물 스텔러바다소

스텔러바다소는 아주 짧은 기간에 멸종해 버린 안타까운 기록의 주인공이랍니다.
1741년, 알래스카를 탐험하고 집으로 돌아가던 배가 외딴섬에 무리 지어 살고 있는 스텔러바다소를 발견했어요. 이 동물의 몸속에는 추위를 견딜 수 있게 해 주는 두툼한 지방층이 있었는데, 사람들은 이들을 잡아서 지방을 먹거나 불을 피우는 연료로 썼어요. 이 소문이 널리 퍼지면서 사람들이 하나둘씩 섬으로 몰려들었고, 스텔러바다소를 마구잡이로 사냥했지요. 스텔러바다소는 발견된 지 27년 만에 인간에 의해 완전히 멸종되고 말았어요.

참치도 멸종 위기종이에요!

흔히 참치라고 불리는 다랑어 종류는 한 때 개체 수가 크게 줄어든 적이 있었어요. 그래서 국제기구에서는 각 나라마다 참치를 잡을 수 있는 구역과 양을 제한하는 법을 만들어 무분별한 고기잡이를 막았지요. 그 이후 참치의 개체 수는 조금씩 늘어났어요. 전 세계가 바다 생태계의 보호를 위해 함께 손잡고 노력한 결과이지요.

다른 생명체를 보호해야 할 의무

생태계는 먹이 사슬이 마치 그물처럼 얽히고설켜 있어요. 그물에 구멍이 조금씩 나다 보면, 결국엔 쓸모없는 그물이 되어 버려요. 안타깝게도 인간은 다른 종을 빠르고 무참하게 멸종시키는 유일한 생물종이에요. 인간도 생태계의 일부분이기에, 다른 생명을 존중하고 보호해야 할 의무가 있어요.

오늘날 지구촌 사람들은 더 이상 지구에서 사라지는 동식물이 없도록 생물다양성을 지켜야 한다는 데 뜻을 모으고 있어요. 우리나라에서도 우리 땅과 바다에서 사는 생물들을 지키기 위해 특별히 보호해야 할 생물들을 법으로 정해 두었지요. 이 생물들을 잡거나 팔면 법에 따라 처벌을 받는답니다.

※우리나라 해양 보호 생물이 궁금하다면 해양환경정보포털 사이트(meis.go.kr)에 들어가서 확인해 보세요!

- 바다의 풍성한 먹거리
- 바다에서 얻는 에너지
- 새롭게 찾아낸 바다 자원들
- 극지방을 연구하다

한눈에 쏙   바다가 준 선물
한 걸음 더   우리 바다는 어디까지일까?

바다의 풍성한 먹거리

딱 1분만 눈을 감고, 오늘 아침 밥상을 떠올려 보세요. 음식의 원산지가 바다인 것은 몇 가지였나요? 바다에서 얻은 해산물은 예로부터 우리의 중요한 먹거리였어요. 그뿐만 아니라 우리는 소금을 비롯한 수많은 자원을 바다에서 얻고 있지요.

우리 몸에 꼭 필요한 소금

소금은 부엌에 늘 있는 조미료예요. 짠맛이 나는 하얀 소금에는 나트륨이라는 성분이 들어 있어요. 우리 몸속의 세포나 혈액, 근육이 제 기능을 하려면 이 나트륨이 반드시 있어야 해요. 즉, 사람이 생명을 유지하는 데 소금이 꼭 필요하다는 말이에요.

오래전부터 사람들은 바닷물을 말려서 소금을 얻었어요. 소금을 만드는 곳을 염전이라고 하는데, 염전은 바닷물이 잘 마르도록 햇볕이 잘 들고 바람이 많이 부는 곳에 만들어요. 이렇게 자연에서 얻은 소금을 천일염이라고 하지요.

바다가 아닌 곳에서 소금을 얻는 경우도 있어요. 이를테면 동유럽 루마니아에 있는 소금 광산이나 남아메리카 볼리비아에 있는 우유니 소금 사막 같은 곳이 있지요. 이곳은 오래전 바다였던 곳이 솟아오르면서 만들어졌어요.

요즘에는 공장에서 화학적인 방법으로 소금을 만들기도 해요. 하지만 화학 소금에는 천일염에 들어 있는 여러 미네랄 성분이 없답니다.

우유니 소금 사막

소금밭 염전에서 소금을 얻는 방법

① 바닷물을 끌어들여 저수지에 저장해 불순물을 가라앉힌다.

② 맑은 바닷물을 넓게 펼쳐 여러 날 동안 뜨거운 햇빛과 바람에 물을 증발시킨다.

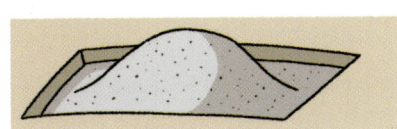

③ 결정이 된 소금을 긁어모은다.

④ 소금 창고에서 6개월에서 1년가량 숙성시키면 먹기에 알맞은 소금이 된다.

바다 농장, 양식

예전에 바닷가 어촌 사람들은 대부분 바다에서 잡거나 딴 해산물로 먹고살았어요. 지금은 거기서 한 발짝 더 나아가 바다 생물을 직접 기르기도 하지요. 즉, 농부들이 땅에 씨앗이나 모종을 심어 농사를 짓는 것처럼, 어부들은 바다 생물이 살기 좋은 인공 환경을 만들어 바다 생물을 길러요. 이를 양식, 또는 바다 농장이라고 한답니다.

바다 생물의 종류에 따라 양식 방법도 다양해요. 사람이 만든 커다란 어항에 물고기를 넣어 먹이를 주며 기르는 방법이 있는가 하면, 바다에 그물 울타리를 치고 그 안에 물고기를 가두어 기르기도 하지요. 이를 가두리 양식이라고 해요. 또 새끼 어패류*를 얕은 바다에 던져 기르거나, 미역이나 굴의 종자를 굵은 밧줄에 심은 채 바다에 넣고 기르기도 해요.

어업이 발달한 바닷가 지역에서는 일찍부터 해산물을 많이 얻기 위해 다양한 양식 기술을 발전시켜 왔어요. 덕분에 우리가 맛있고 영양가 높은 해산물을 자주 먹을 수 있는 거예요.

배에서 그물을 끌어 올리는 모습

남해의 양식장 모습

★ **어패류** 어류와 조개류를 아울러 이르는 말.

바다에서 얻는 에너지

우리는 바다에서 다양한 먹거리 말고도 석유나 천연가스 같은 물질을 얻어요. 바다의 조류나 파도 등을 이용해 전기를 얻기도 하지요. 모두 우리가 편리하게 생활하는 데 꼭 필요한 에너지원이에요. 지금부터 바다에서 얻는 에너지에 대해 자세히 알아보아요.

우리에게 꼭 필요한 에너지, 석유와 천연가스

석유와 천연가스는 생활에 큰 도움을 주는 에너지예요. 우리가 자동차를 이용해 편하게 이동하고, 한겨울에 난방을 해서 따뜻하게 지낼 수 있는 것은 석유와 천연가스 덕분이랍니다. 특히 석유는 각종 생활용품을 만드는 데

에도 꼭 필요해요. 우리가 평소에 걸치는 옷과 가방, 사용하는 그릇과 장난감 등은 석유로 만든 거예요. 옷감과 플라스틱의 원재료가 석유거든요.

석유와 천연가스는 땅속 깊은 곳에 묻혀 있기도 하고, 바다 밑 깊은 곳에도 묻혀 있어요. 우리가 쓰는 석유의 4분의 1은 바다에서 얻고 있지요. 바다에서 석유나 천연가스를 얻기 위해서는 땅속 깊이 구멍을 뚫고 퍼 올려야 해요. 이를 '시추'라고 해요. 전 세계 바다에는 약

1만 5,000개가 넘는 시추 시설이 있지요.

우리나라의 황해와 남해에도 석유가 묻혀 있을 가능성이 높다고 알려졌어요. 그래서 여러 기업들이 꾸준히 바다 자원을 탐색하고 개발하고 있답니다.

바다 위 시추 시설

2004년부터는 동해에서 질 좋은 천연가스를 얻기도 했어요.

바다를 이용한 친환경 에너지

석유와 석탄 같은 화석 연료를 쓰면 이산화 탄소를 비롯한 여러 가지 유해 물질이 뿜어져 나와요. 쓰면 쓸수록 지구 환경이 나빠져서 그 피해가 고스란히 우리에게 돌아오지요.

게다가 땅속의 화석 연료는 계속 파내서 쓰다 보면 언젠가 아예 바닥나고 말 거예요. 따라서 사람들은 화석 연료를 대신할 새로운 에너지를 찾기 시작했어요. 지구를 오염시키지 않고 계속 쓸 수 있는 에너지 말이에요.

사람들이 눈길을 돌린 곳은 바다였어요. 먼저 밀물과 썰물을 눈여겨보았지요. 그리고 오랜 궁리 끝에 밀물과 썰물의 차이를 이용한 조력 발전소를 만들었어요. 바닷물이 드나드는 곳에 댐을 만들어 밀물 때 물을 가두었다가 썰물 때 한꺼번에 빠져나가게 하면 물의 힘이 엄청나게 세져요. 이 힘으로 발전기를 돌려 전기를 얻는 원리예요.

 파도의 움직임으로 전기를 얻는 것을 파력 발전이라고 해요. 계속 오르내리는 물결의 힘으로 발전기를 돌리는 거지요. 또 바닷물이 항상 일정한 방향으로 흐르는 것을 이용해 전기를 얻거나, 바람이 많이 부는 바닷가에 풍차를 설치해 바람의 힘으로 전기를 얻기도 해요.

시화호 조력 발전소

제주도 풍력 발전소

새롭게 찾아낸 바다 자원들

바다의 자원에는 또 뭐가 있을까요? 놀랍게도 사람들의 꾸준한 연구와 개발로 바다에서 얻을 수 있는 자원들이 더 다양해지고 있어요.

바다 생물에게서 얻은 의약품

불가사리

바다에는 신기한 능력을 가진 생물들이 많아요. 이를테면 불가사리는 팔이 잘려도 원래대로 다시 자라나요. 잘려 나간 팔은 또 다른 불가사리로 자랄 만큼 생명력이 강하지요. 연구원들은 이런 불가사리에게서 실마리를 얻어 새로운 의약품을 연구하고 있어요.

바다 생물을 이용해 의약품을 만드는 건 드문 일이 아니에요. 복어와 조개 속에 있는 독을 이용해 진통제와 마취제가 만들어졌고, 해면에서 뽑아낸 물질로 암을 치료하는 약도 개발하고 있어요. 또 해삼, 바다달팽이, 해조류 등의 피부나 점액을 연구해 화장품을 만들기도 한답니다.

수만 종의 바다 생물들 중에서 우리가 속속들이 아는 생물이 과연 얼마나 될까요? 앞으로 어떤 바다 생물에게서 어떤 물질을 찾아낼지 기대되지 않나요?

미래의 자원, 해조류

해조류는 김, 미역, 다시마 등과 같이 바다에서 나는 풀이에요. 보통은 비타민과 미네랄이 풍부해서 식품으로 많이 먹고, 의약품의 재료로 쓰이거나 농작물에 영양분을 주는 비료로도 쓰이지요.

이러한 해조류가 미래의 에너지원으로 주목을 받고 있어요. 해조류를 연료로 만드는 연구가 계속 진행되고 있거든요. 해조류는 농사짓는 땅이나 화석 연료 없이도 바닷물과 햇빛만 충분하다면 빠른 시간에 많은 양을 길러낼 수 있어요. 이 때문에 친환경 미래 연료로서 큰 기대를 모으고 있답니다.

검은 황금, 망가니즈 단괴

망가니즈 단괴는 망가니즈를 비롯해 철, 구리, 니켈, 코발트 등 30종이 넘는 광물이 단단하게 뭉쳐 있는 덩어리예요. 4,000미터 이상의 깊은 바다 밑에 널리 퍼져 있는 광물 자원으로, 비교적 최근에 발견되었어요.

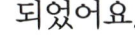
망가니즈 단괴

울퉁불퉁한 이 광물질은 대체 어디에 쓰일까요? 망가니즈와 니켈은 철강과 화학 산업에 꼭 필요한 물질이에요. 구리는 전선을 만드는 데 쓰이고, 코발트는 항공기 엔진을 만드는 데 쓰이지요. 우리나라는 이런 광물 자원 대부분을 다른 나라로부터 사들여 사용하고 있어요.

망가니즈 단괴는 하와이 근처 지역을 비롯해 태평양 깊은 바닷속에서 주로 발견돼요. 다행히도 우리나라는 하와이 근처 바닷속에 있는 망가니즈 단괴를 연구하고 개발할 수 있는 권리를 얻었답니다.

이제 세계 여러 나라들은 바다 밑 광물 자원에 주목하고 있어요. 육지의 광물들이 서서히 바닥나고 있기 때문이지요. 지금까지 발견한 해저 자원 또한 영원히 쓸 수 있는 게 아니에요. 새로운 해저 자원을 개발하려는 노력은 지금도 계속되고 있답니다.

극지방을 연구하다

북극과 남극에는 전 세계의 과학자들이 모인 연구 기지가 많아요. 과연 그들은 1년 내내 눈과 얼음으로 뒤덮인 이곳에서 무슨 연구를 하고 있을까요?

북극에서 무얼 연구할까?

북극의 대부분은 두꺼운 얼음으로 뒤덮인 바다예요. 연평균 기온은 영하 7도쯤 되지만, 겨울에는 영하 30도까지 떨어질 만큼 춥지요. 그럼에도 불구하고 우리나라를 비롯해 노르웨이, 영국, 독일 등 10개 나라가 이곳에 연구 기지를 세우고 다양한 연구 활동을 하고 있답니다. 이들은 왜 추위를 견디고 많은 돈과 시간을 들이면서까지 북극을 연구하려는 걸까요?

우선 북극에는 많은 양의 지하자원이 있어요. 석탄이나 구리, 철광

다산 과학 기지

우리나라 극지방 탐사용 쇄빙선 아라온호

석 같은 광물은 물론이고 전 세계 매장량의 약 22퍼센트나 되는 석유와 천연가스가 북극에 매장되어 있다고 해요. 수산 자원도 풍부하답니다. 지구 온난화로 바닷물의 온도가 높아져 명태, 연어, 대구 같은 차가운 바닷물에서 사는 물고기들이 북극해 주변으로 더 모여들고 있어요. 이처럼 풍부한 자원들을 먼저 차지하기 위해서 여러 나라들이 북극에 관심을 쏟는 거예요.

또 다른 이유도 있어요. 북극의 기후 변화는 지구 전체에 중대한 영향을 미쳐요. 이곳의 기후 변화를 관찰함으로써 지구의 현재 상태를 파악하고 앞으로의 상태를 예측할 수 있지요. 이제 지구의 기후 위기는 전 세계가 함께 손잡고 해결해야 할 문제랍니다.

우리나라는 2002년 북극 노르웨이령 스발바르 제도에 있는 스피츠베르겐섬의 뉘올레순에 다산 과학 기지를 세웠어요. 우리나라 과학자들은 다른 나라들과 마찬가지로 북극의 기후 변화, 바다 생물과 육지 생물, 자연 환경, 지하자원 등을 꾸준히 연구하고 있답니다.

남극에서 무얼 연구할까?

북극보다 더 추운 남극 대륙에서도 아르헨티나, 러시아, 칠레, 중국 등 총 29개의 나라가 연구 기지를 세워 탐사와 연구 활동을 펼치고 있어요. 그중엔 우리나라도 포함되어 있지요. 우리나라는 1988년 남극 서남쪽 킹조지섬에 세종 과학 기지를 세우고, 2014년 남극 대륙 남쪽 테라노바만에 장보고 과학 기지를 세웠어요.

우리나라 과학자들은 이곳에서 지구 온난화로 인한 기후 변화를 연구하고, 수십만 년 전에 만들어진 빙하를 분석해 지구의 역사를 연구해요. 또 우주에서 남극으로 떨어진 운석을 수집해 우주 연구도 하고 있지요.

특히 우리나라는 남극 특별 보호 구역인 나레브스키 포인트와 인익스프레시블섬을 맡아서 관리하고 있어요. 두 곳에는 턱끈펭귄과 아델리펭귄, 바다표범 등 다양한 바다 생물들이 독특한 생태계를 이루고 있어 연구와 보전 가치가 매우 높답니다.

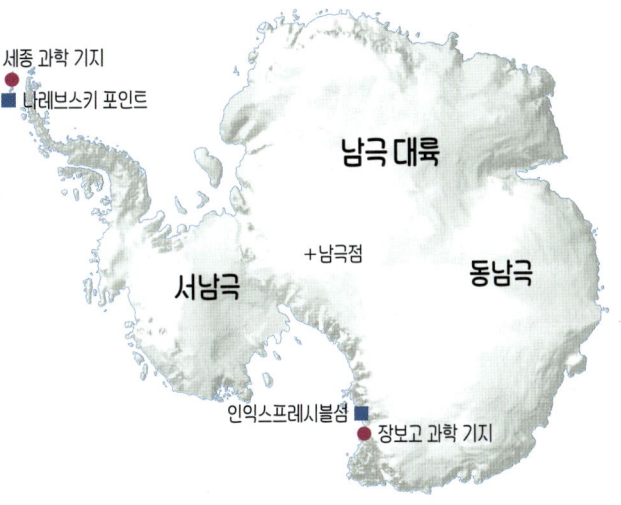

우리나라 지정 남극 특별 보호 구역

바다의 먹거리

- 소금에는 사람이 생명을 유지하는 데 꼭 필요한 나트륨 성분이 들어 있음. ➡ 오래전부터 사람들은 염전에서 바닷물을 말려 소금을 얻음. 이런 방식으로 얻은 소금을 천일염이라고 함.
- 다양한 해산물은 맛도 좋고 영양가도 높은 먹거리임. ➡ 사람들은 더 많은 해산물을 얻기 위해 바다에 인공적인 환경을 만들어 바다 생물을 키움. 이를 양식 또는 바다 농장이라 함.

바다에서 얻는 에너지

- 바다 밑에 우리 생활에 꼭 필요한 석유와 천연가스가 묻혀 있음. ➡ 바다 밑에 구멍을 깊숙이 뚫고 석유나 천연가스를 퍼 올리는 것을 시추라고 함.
- 석유와 석탄 같은 화석 연료는 쓰면 쓸수록 지구 환경을 오염시킴. ➡ 화석 연료를 대신할 친환경 에너지 개발의 필요성을 느낌. ➡ 바다에서 친환경 에너지(전기)를 얻기 위해 조력 발전소, 파력 발전소, 풍력 발전소가 생겨남.

새롭게 찾아낸 바다 자원
- 여러 바다 생물들을 연구해 의약품과 화장품을 개발함. ➡ 수만 종의 바다 생물에서 얻을 수 있는 물질은 무한할 것으로 기대하며 연구 중임.
- 해조류는 물과 햇빛만 충분하다면 빠른 시간 안에 많은 양을 길러 낼 수 있음. ➡ 미래의 친환경 에너지원으로 큰 기대를 모으고 있음.
- 깊은 바다 밑에 있는 망가니즈 단괴는 망가니즈를 비롯해 철, 구리, 니켈, 코발트 등이 뭉쳐진 광물질 덩어리임. ➡ 철강과 화학, 항공, 의료 등 다양한 곳에 쓰임.

극지방 연구
- 세계가 극지방을 주목하고 연구하는 이유
  - 석유와 천연가스, 석탄, 구리, 철광석 등 지하자원이 풍부함.
  - 명태, 연어, 대구 등 수산 자원이 풍부함.
  - 극지방의 기후 변화를 연구함으로써 지구의 현재 상태를 파악하고 미래를 예측할 수 있음.
- 북극에는 10개 나라의 연구 기지가 있음. 우리나라의 다산 과학 기지가 북극에 있음.
- 남극에는 29개 나라의 연구 기지가 있음. 우리나라의 세종 과학 기지와 장보고 과학 기지가 남극에 있음. 남극 특별 보호 구역인 나레브스키 포인트와 인익스프레시블섬을 우리나라가 맡아 관리함.

우리 바다는 어디까지일까?

국가가 주인으로서 권리를 갖는 땅과 바다를 각각 영토, 영해라고 해요. 영해와 영토 위쪽의 하늘은 영공이라고 하지요. 영토와 영공에는 눈에 보이거나 보이지 않는 국경선이 있어요. 다른 나라의 영토나 영공에 가려면 반드시 그 나라의 허락을 받아야 해요. 그럼 우리 영해는 어디까지일까요?

바다도 우리 땅이야

우리 영해는 우리 땅에서 약 12해리(약 22킬로미터)까지의 바다랍니다. 바다의 거리를 재는 단위는 해리예요. 1해리는 1,852미터지요. 우리 영해에서는 우리 국민이 자유롭게 어업 활동을 해도 되고, 바다 자원을 탐사하거나 개발할 수도 있어요.

동해는 바닷물이 빠져나간 썰물 때의 해안선을 기준으로 12해리까지가 우리 영해예요. 그러나 황해는 해안선이 복잡해서 가장 바깥쪽의

영해를 정하는 기준

섬들을 이은 선을 기준으로 영해를 정해요. 울릉도와 독도도 각각 12해리까지의 영해가 있어요. 단, 우리나라와 일본의 쓰시마섬 사이는 너무 좁아서 협의를 통해 각 영토에서 3해리까지만 영해로 정했어요.

독도도 우리 땅이야

많은 나라들이 바닷속에 자원이 많다는 것을 알게 되자 서로 더 넓은 바다를 차지하려고 다투었어요. 그래서 여러 나라가 함께 의논하여 '배타적 경제 수역'을 정했답니다. 우리 영토는 아니더라도 200해리까지는 어업 활동을 할 수 있고, 바다 자원을 탐사하고 이용할 수 있도록 허락한 거지요.

한·일 중간 수역

그런데 독도가 우리나라와 일본의 배타적 경제 수역이 서로 겹치는 곳에 있어서 두 나라는 또다시 협의를 거쳐야 했어요. 결국 이곳을 공동으로 관리하는 수역, 즉 중간 수역으로 정했지요. 하지만 독도가 우리 땅이라는 사실만큼은 변함이 없어요.

독도 주변은 다양한 물고기가 많이 잡히는 황금 어장이에요. 바다 밑에는 지하자원도 많이 묻혀 있지요. 일본이 독도를 노리는 것도 이 때문이에요. 독도를 차지하면 자원이 풍부한 주변 영해까지 모두 자기네 것이 되니까요.

- 끙끙 몸살을 앓는 바다
- 지구 온난화로 따뜻해진 바다
- 소중한 바다를 지키자
- 소중한 갯벌을 지키자

한눈에 쏙 우리가 지켜야 할 바다와 갯벌
한 걸음 더 바다와 갯벌 지킴이 체크 리스트

★ 많관부 '많은 관심 부탁합니다'를 줄인 말.

끙끙 몸살을 앓는 바다

사람들이 많이 모이는 장소에는 늘 흔적이 남지요. 바로 쓰레기예요. 여름 휴가철이면 바닷가 곳곳에 어마어마한 양의 쓰레기가 쌓여 있어요. 우리가 무심코 버린 쓰레기들이 바다로 흘러 들어간다는 걸 알고 있나요? 쓰레기뿐만 아니라 보이지 않는 수많은 오염 물질들이 바다로 흘러들어서 바다가 몸살을 앓고 있어요.

북태평양 한가운데 떠 있는 쓰레기 섬

1997년, 미국의 요트 선수 찰스 무어가 북태평양을 항해할 때였어요. 바다 위를 거침없이 달리던 요트가 무언가 커다란 물체에 부딪혀 멈췄어요. 놀랍게도 그 물체는 바다 위에 떠 있는 쓰레기들이었어요. 바다 한가운데에서 거대한 쓰레기 섬이 최초로 발견된 순간이었지요.

쓰레기 섬은 사람들이 마구 버린 쓰레기들이 바다로 흘러들어 둥둥 떠다니다가 바람과 해류에 의해 한곳으로 모여서 만들어졌어요. 쓰레기의 종류도 페트병, 비닐봉지, 빨대 같은 흔한 플라스틱 쓰레기에서부터 못 쓰는 그물

과 스티로폼, 타이어, 부서진 배나 건축 자재 등까지 굉장히 다양했지요. 쓰레기 섬은 세계 곳곳에서 계속 발견되고 있어요. 지금 이 순간에도 쓰레기 섬의 규모는 점점 커지고 있답니다.

 더 심각한 문제는 바다 생물들이 각종 쓰레기를 먹이로 착각한다는 거예요. 쓰레기를 먹고 목숨을 잃기도 하고, 살아 있다 해도 화학 물질로 뒤범벅된 쓰레기를 삼켰으니 건강하게 자랄 리 없지요. 쓰레기의 화학 물질은 바다를 오염시키고, 바다 생태계를 망가뜨릴 위험이 높아요.

 쓰레기 섬 문제를 어떻게 해결할지에 관한 논의는 이제 막 시작되었을 뿐이에요. 버려진 쓰레기를 치우는 것도 중요하지만, 앞으로 생길 쓰레기를 줄이는 방법도 함께 생각해 봐야 하지 않을까요?

쓰레기를 먹는 거북

보이지 않는 위협, 미세 플라스틱

 플라스틱 크기가 5밀리미터 미만으로 작아지면 하수 처리 시설에서 걸러지지 않은 채 강이나 바다로 흘러 들어가요. 이처럼 크기가 매우 작은 플라스틱을 '미세 플라스틱'이라고 한답니다.

 미세 플라스틱은 큰 플라스틱이 부서지거나 닳아서 생겨나기도 하지만, 샴푸나 세안제 같은 생활용품 속에도 들어 있어요. 즉, 두피나

피부의 각질을 깨끗하게 닦아 내기 위해 미세 플라스틱을 제품에 넣는 거예요.

미세 플라스틱이 든 세안제

안타깝게도 바닷속에는 이미 미세 플라스틱이 널리 퍼져 있어요. 미세 플라스틱은 지금도 바다 동물들의 입속으로 들어가고, 미역이나 김 같은 해조류에 달라붙어 있답니다. 미세 플라스틱은 시간이 흐르면서 여러 화학 물질을 바닷속에 퍼뜨릴 수 있기 때문에 문제가 심각해요. 심지어 소금에서도 미세 플라스틱이 발견되었다고 해요. 사람들도 이미 미세 플라스틱을 먹고 있었던 셈이지요.

한 가지 다행인 건 미세 플라스틱의 위험성을 알아차리고 사용을 금지하는 움직임이 일기 시작했다는 거예요. 우리나라도 2017년부터 일부 제품에 미세 플라스틱의 사용을 금지했어요.

바다를 뒤덮은 검은 기름

2007년, 황해의 태안 앞바다에서 원유를 실은 배와 해상 크레인이 서로 충돌하는 사고가 일어났어요. 이때 원유 탱크에 있던 엄청난 양의 원유가 바다로 콸콸 쏟아져

나왔어요. 새까만 기름띠가 바다 위를 둥둥 떠다녔고, 해변도 새까만 기름으로 뒤덮였지요. 수만 명의 사람들이 나서서 여러 날 동안 해변의 기름을 닦아 냈지만, 그 피해를 완전히 막을 수는 없었답니다.

바다에서 큰 사고가 일어나면 가장 먼저 피해를 입는 것은 바다 생물들이에요. 바다 위에 둥둥 뜬 기름 탓에 산소와 햇빛이 바닷속으로 들어가지 못해요. 물속에 산소가 부족해 바다 생물은 호흡을 하지 못하고, 햇빛이 부족해 플랑크톤과 해조류의 양도 크게 줄어들지요. 또 기름에 있는 독성 물질은 바다를 오염시켜서 바다 생물들이 병들게 돼요. 이곳에서 잡거나 캔 해산물로 먹고사는 어민들도 큰 피해를 입어요. 바다 생태계가 망가지면 원래대로 되돌리는 데 아주 긴 시간이 걸려요. 그래서 사고가 일어났을 때 최대한 피해를 줄이기 위한 대비책이 필요하지요.

바다로 흘러드는 방사능 오염수

2011년, 일본 동쪽에서 엄청난 규모의 대지진과 쓰나미가 동시에 일어났어요. 그 바람에 후쿠시마에 있는 원자력 발전소 일부가 망가졌고 방사성 물질에 오염된 냉각수*가 바다로 흘러 들어갔지요. 이

★ **냉각수** 원자력 발전소는 원자로에서 핵분열이 일어날 때 발생하는 열기를 식히기 위해 냉각수를 필요로 해요. 그래서 냉각수를 얻기 쉬운 바닷가에 원자력 발전소를 짓는답니다.

사고는 1986년 우크라이나 체르노빌 원자력 발전소 사고와 함께 최악의 원전 사고로 꼽혀요.

방사성 물질에서 나오는 방사선은 생명체의 세포 조

후쿠시마 원자력 발전소

직을 파괴하거나 변형시켜요. 방사선에 많이 노출된 사람은 백혈병과 암 같은 질병에 걸리거나, 유전자가 손상돼 기형아를 낳을 확률이 매우 높아진다고 해요.

방사성 물질이 바다로 흘러 들어가면 바다 생물이 병들고, 그 바다 생물을 먹는 인간도 결국 피해를 입어요. 실제로 후쿠시마 근처 바다에서 잡은 물고기를 조사해 보았더니 방사능에 심하게 오염되어 있었다고 해요.

바닷물은 지구 표면 곳곳을 떠돌아다니고, 바다 생물들도 경계 없이 헤엄쳐 다녀요. 방사능 오염수가 바다로 계속해서 흘러 들어간다면 더 이상 안전한 바다는 없을 거예요. 우리 모두의 안전을 위해 방사능 오염수가 바다로 흘러 들어가지 않도록 알맞은 대책을 세워야 해요.

지구 온난화로 따뜻해진 바다

우리가 사는 지구의 온도가 점점 올라가고 있어요. 바닷물의 온도도 점점 올라가고 있지요. 지구는 왜 더워지는 걸까요? 바다가 따뜻해지면 바다 생물들은 어떻게 될까요?

지구 온난화가 뭘까?

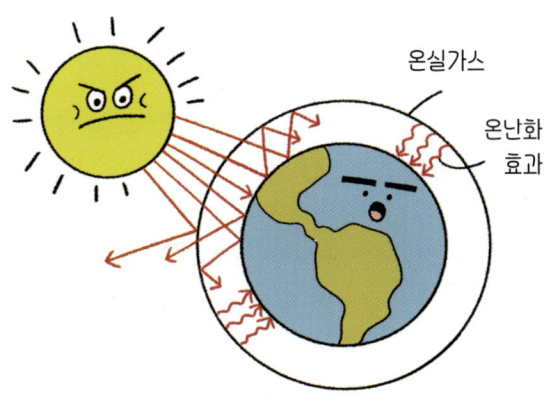

지구 온난화란 대기 중에 이산화 탄소, 메테인, 아산화 질소 같은 온실가스의 양이 폭발적으로 늘어나면서 지구의 기온이 점점 올라가는 현상을 말해요. 온실가스는 주로 석탄과 석유 같은 화석 연료를 태울 때 발생해요. 공장이나 자동차에서 내뿜는 매연이 대표적인 온실가스지요. 이처럼 인간의 산업 활동으로 발생한 많은 양의 온실가스가 지구를 둘러싸고 있어서 지구의 열기가 우주 공간으로 빠져나가지 못하고 더워지는 거예요.

오존층의 파괴 또한 지구 온난화의 원인이에요. 오존층은 지구 표면에서 약 20~25킬로미터 높이에 있는 대기층이에요. 태양으로부터 나오는 자외선을 일부 흡수해서 지구에 그대로 들어오는 것을 막아

주지요. 그런데 프레온 가스 때문에 오존층에 구멍이 나고 있어요. 프레온 가스는 냉장고와 에어컨 등에 쓰이는 물질이에요.

온실가스와 프레온 가스를 만들어 내는 것은 바로 우리 인간이에요. 지구의 인구가 늘고 활발히 활동할수록 지구는 더 더워질 수밖에 없어요.

망가지는 바다 생태계

지구 온난화로 바다가 따뜻해지고 빙하는 점점 녹고 있어요. 극지방의 거대한 빙하가 녹으면 해수면이 올라가고 육지는 바다에 잠기게 돼요. 계속 이대로 간다면 극지방의 생물뿐 아니라 수많은 생물이 살 곳을 잃고, 멸종하게 될 거예요.

바다 생물들은 따뜻해진 바다를 반가워할까요? 그렇지 않아요. 바다 생물들은 특정한 온도의 물에서만 살 수 있기 때문이에요. 실제로 우리나라 동해의 겨울 바다에서 쉽게 찾아볼 수 있었던 명태가 지금은 아예 보이지 않아요. 그 대신 열대 바다에 사는 물고기들이 동해

북극 빙하가 녹고 있는 모습을 찍은 위성 사진

에서 보인다고 해요.

　공기 중에 많아진 이산화 탄소가 바다로 녹아드는 것도 큰 문제예요. 바닷속의 이산화 탄소 농도가 높아지면 바다가 산성화되기 때문에 탄산 칼슘이 저절로 녹아 버려요. 조개나 소라 같은 연체동물은 딱딱한 껍데기가 탄산 칼슘으로 이루어져 있으니 더 이상 바다에서 살 수 없게 되지요. 결국 바다 생태계가 망가질 수밖에 없어요.

　바다 생태계에서 중요한 역할을 하는 산호초도 사라지고 있어요. 산호초가 모여 있는 산호초 지대는 바다의 열대 우림 같은 곳으로서, 바닷속의 이산화 탄소를 빨아들이고 산소를 내뿜어요. 또 다양한 바다 생물에게 보금자리가 되어 주지요. 그런데 산호초가 따뜻해진 바닷물에 적응하지 못하고 하얗게 변하다가 죽고 있답니다. 이미 전 세계 산호초의 70퍼센트가 사라졌다고 하니, 바다 환경이 얼마나 나빠졌는지 알겠지요?

　우리나라 바다 밑에서도 이와 비슷한 사막화 현상이 일어났어요. 바다 환경이 나빠지고 바다 생물의 양은 크게 줄었지요. 이에 심각성을 느낀 우리나라 정부에서는 2012년 5월 10일을 '바다 식목일'로 정하고, 2013년부터 매년 같은 날마다 바다에 해조류를 심는 바다숲 만들기 행사를 펼치고 있답니다.

소중한 바다를 지키자

지금까지 바다 환경이 어떻게 오염되고 있는지 안타까운 상황들을 살펴보았어요. 여기까지 읽으면서 여러분은 무엇을 느꼈나요? 아픈 바다를 낫게 하려면 앞으로 어마

어마한 시간과 노력이 필요할 거예요. 하지만 건강한 바다로 되돌리려는 노력을 절대로 멈추어서는 안 되겠지요.

텅 비어 가는 바다

바다가 몸살을 앓는 이유를 더 꼽아 보자면, 인간이 바다 생물을 너무 많이 잡아들이고 있다는 거예요. 바다 생물들이 자연적으로 늘어나는 속도보다 인간이 잡아들이는 속도가 더 빠르다고 해요. 공장식 시스템을 갖춘 큰 배들이 먼 바다까지 나가서 거대한 그물로 어마어

원양 어선 그물에 걸린 물고기 떼

그물에 걸린 거북

마한 양의 물고기를 한꺼번에 잡아 올리고 있어요. 이 과정에서 멸종 위기 동물인 거북이나 상어 등도 잡혀 죽어 가고 있지요. 한편 바다에 버려진 그물들도 바다 생물들의 목숨을 위태롭게 한답니다.

해양 보호 구역이란?

현재 바다의 건강 상태는 빨간불이에요! 한마디로 위기 상황이지요. 그래서 더 나빠지지 않도록 바다를 보호하자는 뜻에서 세계 여러 나라에서는 해양 보호 구역을 지정해 특별히 관리하고 있답니다. 우리나라 역시 습지 보호 지역 18곳, 해양 생태계 보호 구역 16곳, 해양 생물 보호 구역 2곳, 해양 경관 보호 구역 1곳까지 총 37곳을 해양 보호 구역으로 지정해 관리하고 있어요.

해양 보호 구역에서는 함부로 동식물을 잡거나 시설을 망가뜨려선 안 돼요. 해양 보호 구역을 더럽히거나, 이곳에 건물을 짓는 일도 금지되어 있어요.

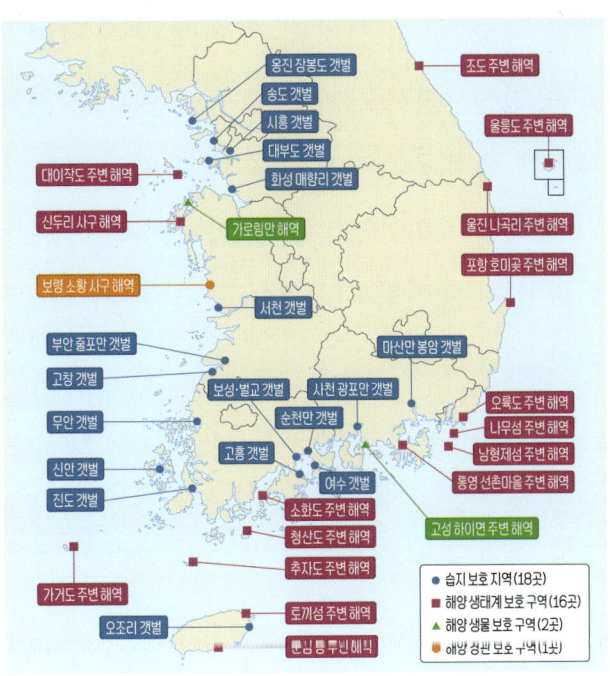

우리나라 해양 보호 구역

소중한 갯벌을 지키자

갯벌도 바다처럼 병들고 있어요. 바닷가 주변의 도시와 공장들에서 흘러든 생활 하수와 폐수가 갯벌을 오염시키는 거예요. 오염 물질의 양은 점점 많아지는데, 간척 사업*으로 갯벌은 점점 줄어들고 있으니 문제가 눈덩이처럼 커질 수밖에 없지요.

시화호 갈대 습지 공원

하지만 이 또한 인간의 노력으로 바꿀 수 있어요. 우리나라의 시화호를 예로 들 수 있지요. 시화호는 1994년 시화 방조제라는 커다란 둑을 건설하면서 생겨난 인공 호수예요. 서해안 간척 사업으로 갯벌 대신에 생겨난 농지에 물을 대기 위해 만들었어요. 하지만 주변 도시와 공장에서 쏟아져 나온 생활 하수와 폐수가 시화호로 계속 흘러 들어왔어요. 당연히 시화호는 얼마 못 가 생물들이 살 수 없는 썩은 호수가 되고 말았지요.

정부는 뒤늦게 방조제를 열어 바닷물이 드나들도록 했지만, 원래대로 되돌리는 데에는 긴 시간이 필요했어요. 오염 물질을 걸러 주는 갈대 습지 공원을 만드는 등 지속적인 노력 끝에 시화호는 점차 깨끗

★ **간척 사업** 토지를 얻기 위해 바다나 갯벌, 호수 등을 육지로 만드는 일.

해졌고 이곳에 살던 생물들도 돌아오기 시작했어요. 시화호를 교훈 삼아 갯벌을 지키려는 노력은 계속되고 있어요.

습지 보호를 위한 람사르 협약

습지는 물기가 많아서 축축한 땅을 이르는데, 대표적으로 갯벌과 늪이 있어요. 한때 개발을 이유 삼아 세계 곳곳에 있던 습지들을 메워 땅으로 바꾸는 경우가 많았어요. 그래서 환경이 오염되고 철새들의 서식지가 사라져 버렸지요. 이에 갈 곳 잃은 철새들이 멸종 위기에 놓이게 되자 심각성을 느낀 사람들이 전 세계 습지를 보호하기로 다짐하면서 국제적인 협약을 맺었어요. 이게 바로 람사르 협약이에요. 우리나라도 1997년에 이 협약에 가입했고 대암산 용늪, 창녕 우포늪 등을 보호지로 지정해 관리하고 있어요.

우리나라 람사르 협약 등록 습지

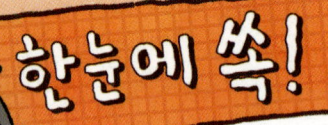

여러 오염 물질로 몸살을 앓는 바다

- 바다로 흘러 들어간 온갖 쓰레기들이 바람과 해류에 의해 한곳으로 모여서 쓰레기 섬이 만들어짐. ➡ 1997년, 미국 요트 선수 찰스 무어가 북태평양에서 거대한 쓰레기 섬을 최초로 발견함. ➡ 화학 물질로 뒤범벅된 쓰레기 때문에 바다가 오염됨. 바다 생물들이 쓰레기를 먹고 병에 걸리거나 죽음.
- 크기가 5밀리미터 미만인 미세 플라스틱이 하수 처리 시설에서 걸러지지 않아 강이나 바다로 흘러 들어감. ➡ 미세 플라스틱은 화학 물질을 바다에 퍼뜨려 바다 생물을 병들게 하고, 해산물을 먹는 사람들의 건강도 위협함.
- 2007년 황해의 태안 앞바다에서 유조선과 해상 크레인이 충돌해 기름이 바다로 쏟아져 나옴. ➡ 기름의 독성 물질이 바다를 오염시킴. ➡ 바다 생물들이 병들거나 죽음. ➡ 태안의 어민들도 큰 피해를 입음.
- 2011년 대지진과 쓰나미로 일본 후쿠시마 원자력 발전소 일부가 망가짐. ➡ 방사능 오염수가 바다로 흘러 들어감. ➡ 방사성 물질에서 나오는 방사선은 생명체의 세포 조직을 파괴하거나 변형시킴.

지구 온난화와 바다 생태계
- 지구 온난화: 대기 중에 이산화 탄소, 메테인, 아산화 질소 같은 온실가스의 양이 폭발적으로 늘어나면서 지구의 기온이 점점 올라가는 현상.
- 지구 온난화로 바닷물의 온도가 올라감. ➡ 바닷속 이산화 탄소의 농도가 올라가 산성화됨. ➡ 바다에 산소를 공급하는 산호초가 죽고 사막화 현상이 일어남. ➡ 바다 생태계가 망가짐.

바다를 지키기 위한 노력
- 인간의 이기심으로 오염된 바다를 다시 건강하게 만들기 위해 지속적인 관심과 노력이 필요함.
- 세계 여러 나라에서는 지금부터라도 바다를 보호하자는 뜻에서 해양 보호 구역을 지정해 특별 관리 중임. ➡ 우리나라도 해양 보호 구역 37곳을 지정해 보호 중임.

갯벌을 지키기 위한 노력
- 바닷가 주변의 도시와 공장들에서 나온 생활 하수와 폐수가 갯벌로 흘러듦. ➡ 간척 사업으로 갯벌이 점점 줄어듦. ➡ 갯벌 오염이 심각해짐. ➡ 시화호의 변화를 계기로 갯벌을 되살려야 한다는 인식이 생겨남.
- 람사르 협약: 세계 각국의 대표들이 전 세계 습지를 보호하기 위해 맺은 협약. ➡ 우리나라도 1997년에 이 협약에 가입함.

바다와 갯벌 지킴이 체크 리스트

바다와 갯벌을 다시 건강하게 만들기 위해 우리는 어떤 일을 할 수 있을까요? 바닷가나 갯벌에 갔을 때 지켜야 할 에티켓과 일상생활 속에서 실천할 수 있는 일들을 함께 알아보아요.

☐ 바다나 갯벌에 쓰레기를 버리지 않아요.
☐ 바다나 갯벌에 놀러 갈 땐 대중교통을 이용해요.
☐ 바다와 갯벌에 사는 동물들에게 과자 같은 먹이를 주지 않아요.
☐ 바다에 들어갈 때 유기 자외선 차단제* 대신에 무기 자외선 차단제를 바르도록 해요.
☐ 지속 가능한 어업, 자연을 해치지 않는 방법으로 생산한 해산물을 구입해요.

★ 화학 물질로 만든 유기 자외선 차단제는 바다 생물들에게 해로워요.

- ☐ 해양 보호를 위해 활동하는 단체에 꾸준히 관심을 갖고 후원해요.
- ☐ 미세 플라스틱이 들어 있는 제품을 쓰지 않아요.
- ☐ 샤워 시간을 줄이고, 양치할 때는 수도꼭지를 꼭 잠가요.
- ☐ 일회용품 사용을 줄여요.
- ☐ 포장 용기나 비닐봉지 대신 집에 있는 그릇과 장바구니를 사용해요.
- ☐ 재활용할 수 있는 쓰레기는 꼭 분류해서 버려요.

- 😢 0~4개: 바다가 울고 있어. 조금만 더 노력해 봐!
- 🙂 5~8개: 바다 지킴이 파이팅!
- 😊 9~11개: 최고의 바다 지킴이! 지구 지킴이!

워크북

1화 개념 – 바다와 갯벌의 탄생

1 46억 년 전 지구의 모습으로 바르지 <u>않은</u> 것을 고르세요.

① 지구에 최초의 생명체가 나타났어요.
② 날마다 화산이 폭발하고, 지구 속에서 용암이 흘러나왔어요.
③ 불덩어리 지구가 천천히 식으면서 비구름이 만들어졌어요.
④ 지구의 하늘은 뿌연 기체로 가득했어요.

2 다음 괄호 안에 들어갈 알맞은 단어를 써 넣으세요.

> 약 35억 년 전, 원시 시대 지구의 바닷속에는 복잡한 화학 반응으로 인해 (　　　)이 나타났어요. 이것은 엽록소를 가지고 있어서 광합성을 할 수 있었어요. 광합성이란, 엽록소를 가진 생물이 햇빛과 이산화 탄소와 물을 이용해 산소를 만들어 내는 작용을 말해요.

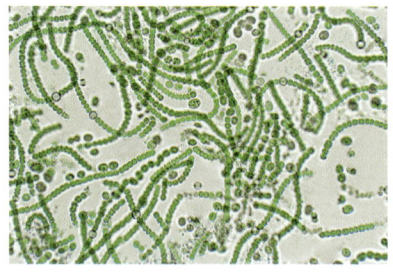

_____

3 다음 세계 지도에서 다섯 대양의 이름을 각각 적어 보세요.

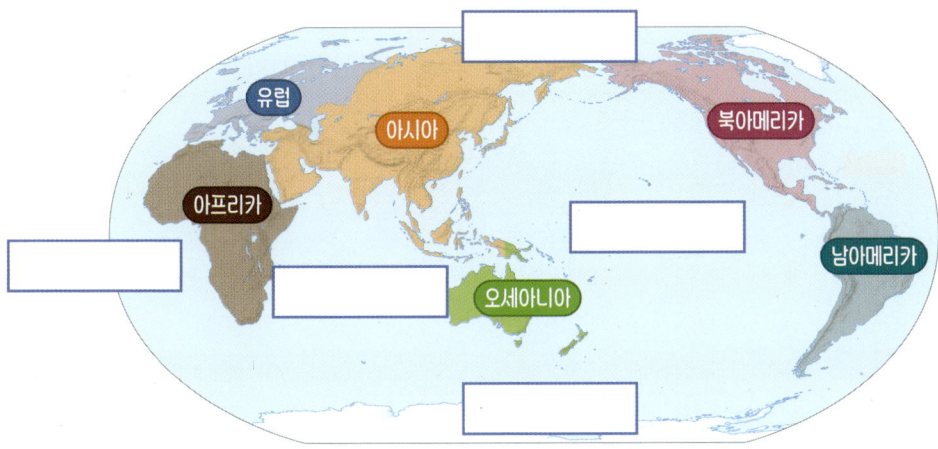

4 다음 중 갯벌에 대한 설명으로 바른 것을 고르세요.

① 갯벌은 하루에 한 번씩 넓고 평평한 땅을 드러내요.
② 갯벌은 바다에서 밀물과 썰물이 반복되면서 만들어져요.
③ 갯벌은 밀물과 썰물의 차이가 가장 작은 곳에서 발달해요.
④ 갯벌은 자연재해로 인한 피해를 더 키워요.

2화 지리 - 바다가 만든 땅

1 다음 중 해안 지형에 대한 설명으로 <u>틀린</u> 것을 골라 보세요.

① 울릉도에 가면 시아치와 시스택을 모두 볼 수 있어요.
② 해안 사구에서는 강한 바람과 소금기 등으로 식물이 전혀 자라지 못해요.
③ 해안선이 들쭉날쭉 복잡한 해안을 리아스 해안이라고 해요.
④ 피오르는 빙하가 만든 해안 지형이에요.

2 다음은 해저 지형 중 어떤 곳을 설명하는 것인지 적어 보세요.

- 바닷가에서 가장 가까워요.
- 평균 깊이는 200미터가 채 되지 않아요.
- 바다 생물의 먹이인 플랑크톤이 풍부해요.
- 바다 생물들이 가장 많이 살고 있어요.

_____

3 우리나라를 둘러싼 세 바다에 대한 설명으로 바른 것을 고르세요.

① 황해는 우리나라와 일본 사이에 있는 좁은 바다예요.
② 남해는 해저 지형이 경사가 급하고 수심이 깊은 편이에요.
③ 동해는 해안선이 복잡하고 갯벌이 크게 발달했어요.
④ 동해안에는 일곱 개의 석호가 있어요.

4 다음 괄호 안에 들어갈 알맞은 단어를 적어 보세요.

> 우리나라 갯벌은 규모도 크고 생물의 종류도 다양해서 세계에서 다섯 손가락 안에 드는 중요한 갯벌로 꼽혀요. 2021년 7월에는 충남 서천, 전북 고창, 전남 신안, 전남 보성-순천 갯벌이 (   )으로 지정되어 우리나라 갯벌의 가치를 전 세계에 알렸답니다.

역시 우리 갯벌이 최고라니까!

3화 생물 - 바다와 갯벌에 사는 생물들

1 다음 글을 읽고 어떤 동물류에 대한 설명인지 적어 보세요.

- 바다 생태계에서 가장 많은 비중을 차지하는 척추동물이에요.
- 아가미로 숨을 쉬고, 바깥 온도에 따라 체온이 변하는 변온 동물이에요.
- 물속에서 잘 헤엄쳐 다닐 수 있도록 지느러미가 여러 개 있어요.

_____

2 바다 동물에 대해 누가 틀리게 말하고 있는지 골라 보세요.

① 지구상에서 가장 덩치가 큰 동물은 대왕고래야.

② 바다거북은 새끼를 낳고 젖을 먹여 길러.

③ 오징어와 문어, 조개와 소라는 모두 연체동물이야.

④ 해파리는 촉수 안에 독을 쏘는 '자포'를 가지고 있어.

3 다음 설명을 읽고 괄호 안에 들어갈 단어를 각각 적어 보세요.

- (㉠)은 구멍이 숭숭 뚫린 스펀지처럼 생겼어요. 바위 같은 곳에 붙어 살며, 몸에 구멍이 하나인 것부터 여럿인 것까지 종류가 다양해요. 눈과 귀 같은 감각 기관이 없고, 신경도 없어 아픔을 느끼지 못해요.
- 온몸에 뾰족뾰족 가시가 돋친 성게, 피부가 울퉁불퉁한 해삼과 불가사리 등은 (㉡)에 속하지요. 척추동물은 아니지만 몸을 지탱해 주는 속뼈가 있어요. 바다에서만 볼 수 있어요.

㉠ : _____   ㉡ : _____

4 갯벌과 극지방 생물에 대한 설명으로 바른 것을 골라 보세요.

① 갯벌 생태계의 최고 포식자는 박테리아와 미생물이에요.
② 갯벌의 수많은 구멍으로 물과 공기가 드나들어 갯벌이 썩지 않아요.
③ 극지방의 바다에는 플랑크톤이 거의 없어요.
④ 극지방의 바다에서 고등어와 꽁치가 잡혀요.

4화 사회 - 바다가 준 선물

1 다음 글을 읽고 무엇에 대한 설명인지 적어 보세요.

- 우리 집 부엌에 늘 있는 조미료예요.
- 이것에는 나트륨 성분이 들어 있어요.
- 우리는 이것을 먹지 않으면 생명을 유지할 수 없어요.
- 오래전부터 사람들은 바닷물을 말려서 이것을 얻었어요.

_____

2 아래 사진을 보고 각 장소에서 사람들이 어떤 바다 자원을 얻는지 선으로 이어 보세요.

㉠

㉡

㉢

① 석유와 천연가스

② 해산물

③ 전기

3 다음 글을 읽고 괄호 안에 들어갈 단어를 적어 보세요.

> (   )는 망가니즈를 비롯해 철, 구리, 니켈, 코발트 등 30종이 넘는 광물이 단단하게 뭉쳐 있는 덩어리예요. 4,000미터 이상의 깊은 바다 밑에 널리 퍼져 있어요. 각각의 광물질은 철강과 화학 산업 등 여러 곳에 쓰여요.

_____

4 다음 극지방에 대한 설명 중에서 <u>틀린</u> 것을 고르세요.

① 북극에는 많은 양의 지하자원이 매장되어 있어요.
② 북극해 주변에는 명태, 연어, 대구 등 수산 자원이 풍부해요.
③ 북극의 기후 변화는 지구 전체에 중대한 영향을 미쳐요.
④ 남극과 북극에는 우리나라 과학 기지가 각각 한 곳씩 있어요.

남극에 있는 우리나라 과학 기지가 뭘까?

5화 환경 - 우리가 지켜야 할 바다와 갯벌

1 바다 오염 물질에 대해 누가 <u>틀리게</u> 말하고 있는지 골라 보세요.

① 사람들이 마구 버린 쓰레기들이 바다를 오염시키고 있어.

② 미세 플라스틱은 아주 작아서 바다에 흘러 들어가도 괜찮아.

③ 바다에서 기름 유출 사고가 일어나면 바다 생태계가 망가져.

④ 방사능 오염수가 바다에 흘러 들어가면 인간도 안전하지 않아.

2 다음 글을 읽고 괄호 안에 들어갈 단어를 적어 보세요.

> (   )는 대기 중에 이산화 탄소, 메테인, 아산화 질소 같은 온실가스의 양이 폭발적으로 늘어나면서 지구의 기온이 점점 올라가는 현상을 말해요. 이 현상으로 인해 바다가 따뜻해지고 극지방의 빙하는 점점 녹고 있어요.

3 해미가 설명하는 '이곳'은 어디인지 〈보기〉에서 찾아 적어 보세요.

이곳은 1994년에 생겨난 인공 호수야. 서해안 간척 사업으로 갯벌 대신에 생겨난 농지에 물을 대기 위해 만들어졌지.

엇! 어디지?

오늘날 이곳의 변화를 교훈 삼아 갯벌을 지키려는 노력을 계속 하고 있어.

보기   영랑호   시화호   화진호

_____

4 바다와 갯벌을 건강하게 만들기 위해 내가 할 수 있는 실천 방법 세 가지를 적어 보세요. 서술형 문항 대비 ✓

_____
_____
_____
_____

정답 및 해설

1화

1. ①
⇢ 46억 년 전, 지구가 맨 처음 생겨났을 때 지구에는 아무것도 살지 않았어요. (☞16쪽)

2. 남세균(시아노박테리아)
⇢ 남세균이 수억 년 동안 바닷속에서 광합성을 한 덕분에 지구에는 이산화 탄소가 줄어들고 산소가 풍부해졌어요. 그래서 산소로 숨을 쉬는 다양한 생명체들이 지구에 태어날 수 있었답니다. (☞17쪽)

3. (왼쪽부터 순서대로) 대서양, 인도양, 태평양, (맨 위) 북극해, (맨 아래) 남극해
⇢ 지구의 바다는 너무 넓어서 여섯 개의 대륙을 경계로 나누어 이름을 각각 붙였어요. 태평양, 인도양, 대서양, 북극해, 남극해 이렇게 다섯 개의 대양을 오대양이라고 해요. (☞18쪽)

4. ②
⇢ 갯벌은 바다에서 밀물과 썰물이 반복되면서 만들어져요. (☞22~23쪽)

2화

1. ②
⇢ 해안 사구에서는 강한 바람과 소금기 등으로 식물이 자라기 힘든 조건을 이기고 식물들이 깊게 뿌리 내려 살고 있어요. (☞35~37쪽)

2. 대륙붕
⇢ 대륙붕은 수심이 깊지 않아 햇빛이 잘 비치고 플랑크톤이 풍부해서 바다 생물들이 가장 많이 살고 있어요. 그래서 이곳에서 어업 활동이 활발히 이루어지지요. (☞38쪽)

3. ④
⇢ 동해안에는 경포호, 화진호, 영랑호 등 일곱 개의 석호가 있어요. 석호는 경치가 아름다울 뿐만 아니라 바다 생태계와 민물 생태계가 동시에 있는 중요한 지형이에요. (☞42~44쪽)

4. 유네스코 세계 자연 유산
⇢ 우리나라 서해안 갯벌은 북해 연안 갯벌과 캐나다 동부 해안 갯벌, 미국 동부 해안 갯벌, 아마존강 하구 갯벌과 함께 세계 5대 갯벌로 손꼽혀요. (☞45쪽)

3화

1. 어류
⇢ 바다 생태계에서 가장 흔한 동물은 어류예요. 아주 작은 멸치도, 무시무시한 상어도 모두 등뼈가 있는 어류랍니다. (☞58쪽)

2. ②
⇢ 새끼를 낳고 젖을 먹여 기르는 동물은 포유류예요. 바다거북은 파충류이며 알을 낳아요. (☞59~63쪽)

3. ㉠ 해면동물, ㉡ 극피동물
… 몸의 구조가 단순한 해면동물은 아주 오랜 옛날부터 바다에 쭉 살아남아 있는 동물이에요.
온몸에 뾰족뾰족 가시가 돋친 극피동물은 반으로 접었을 때 양쪽이 꼭 맞아떨어지는 대칭 형태예요. (☞62~63쪽)

4. ②
… 갯벌의 수많은 구멍 속에는 다양한 생물들이 살고 있어요. 그 구멍으로 물과 공기가 드나들어 갯벌이 썩지 않고 생물들이 살기 좋은 환경이 만들어져요. (☞65~66쪽)

4화

1. 소금
… 소금에는 나트륨이라는 성분이 들어 있어요. 우리 몸속 세포나 혈액, 근육은 이 나트륨이 반드시 있어야 제 기능을 할 수 있지요. (☞78쪽)

2. ㉠ - ③ 전기, ㉡ - ② 해산물, ㉢ - ① 석유와 천연가스
… ㉠은 시화호 조력 발전소, ㉡은 남해의 양식장, ㉢은 바다 위 시추 시설의 모습이에요. (☞80~83쪽)

3. 망가니즈 단괴
… 망가니즈 단괴는 바다 깊은 곳에서 비교적 최근에 발견된 유용한 광물 자원이에요. (☞85~86쪽)

4. ④
… 우리나라는 남극에 세종 과학 기지와 장보고 과학 기지, 북극에 다산 과학 기지를 세워 다양한 연구 활동을 하고 있어요. (☞87~89쪽)

5화

1. ②
… 미세 플라스틱은 시간이 흐르면서 여러 화학 물질을 바닷속에 퍼뜨릴 수 있어서 위험해요. (☞100~104쪽)

2. 지구 온난화
… 지구의 온도가 점점 올라감에 따라 바다도 점점 병들어 가고 있어요. (☞105~107쪽)

3. 시화호
… 시화호는 한때 주변 도시와 공장에서 흘러든 생활 하수와 폐수로 생물이 살 수 없는 썩은 호수가 되었어요. 하지만 사람들의 지속적인 관심과 노력 끝에 원래의 모습을 되찾았지요. (☞110~111쪽)

4. 각자 자유롭게 써 보세요.
… (☞114~115쪽)

127

찾아보기

ㄱ
간척 사업 ·················· 110
극피동물 ···················· 63

ㄴ
난류 ···························· 67
남극해 ························ 18
남세균 ························ 17

ㄷ
대륙붕 ············ 38~39, 41~44
대서양 ·········· 18, 27, 39~40

ㄹ
람사르 협약 ················ 111
리아스 해안 ············ 37, 42

ㅁ
마리아나 해구 ········ 19, 40
망가니즈 단괴 ········ 85~86
미세 플라스틱 ······ 101~102

ㅂ
북극해 ···················· 18, 88

ㅅ
시아치 ························ 35
시스택 ························ 35

ㅇ
염류 ···························· 21
염전 ······················ 78~79
인도양 ·············· 18, 27, 39

ㅈ
자포동물 ······················ 62
조경 수역 ···················· 67
지구 온난화 ······ 88~89, 105~106

ㅊ
침식 ······················ 34~35

ㅍ
피오르 ·························· 37

ㅌ
태평양 ········ 18~19, 27, 39~40, 44, 86
퇴적 ···················· 34, 36, 44

ㅎ
한류 ···························· 67
해류 ················ 41, 67, 100
해면동물 ················ 62~63
해식 동굴 ···················· 35
해식 절벽 ···················· 35
해조류 ········ 56~57, 60, 65, 84~85, 102~103, 107
해안 사구 ················ 35~36

초등 교과 과정에 알맞게 개발한 통합교과 정보서

참 잘했어요 과학

하나의 과학 주제를 다양한 분야에서 살펴보는 통합교과 정보서입니다.
재미있는 스토리와 서술형 평가에 대비하는 워크북도 함께 실었습니다.
서울과학교사모임의 꼼꼼한 감수로 내용의 정확도를 높였습니다.

1. 또 하나의 가족 **반려동물**
2. 범인을 찾아라! **과학수사**
3. 뼈만 남았네! **공룡과 화석**
4. 과학을 타자! **놀이기구**
5. 약이야? 독이야? **화학제품**
6. 두 얼굴의 하늘 **날씨와 재해**
7. 고수의 몸짱 비법 **운동과 다이어트**
8. 이젠 4차 산업 혁명! **로봇과 인공지능**
9. 과학을 꿀꺽! **음식과 요리**
10. 외계인의 태양계 보고서 **우주와 별**
11. 나 좀 살려 줘! **환경과 쓰레기**
12. 시큼시큼 미끌미끌 **산과 염기**
13. 시원해! 상쾌해! **화장실과 똥**
14. 대비해! 대피해! **지진과 안전**
15. 이게 무슨 소리?! **음악과 소음**
16. 세상에서 가장 착한 초록 **반려식물**
17. 가슴이 콩닥콩닥 **성과 사춘기**
18. 눈이 따끔, 숨이 탁! **미세먼지**
19. 미생물은 힘이 세! **세균과 바이러스**
20. 그 옛날에 이런 생각을?! **전통과학**
21. 땅속에서 무슨 일이?! **보석과 돌**
22. 줄을 서시오! **원소와 주기율표**
23. 드라큘라도 궁금해! **피와 혈액형**
24. 불 때문에 난리, 물 때문에 법석! **기후 위기**
25. 결정은 뇌가 하지! **뇌와 AI**
26. 지켜 주지 못해 미안해! **멸종 동물**
27. 생명이 꿈틀꿈틀! **바다와 갯벌**
28. 가상에 쏙, 현실이 짠! **메타버스**
29. 작지만 무서워! **미세 플라스틱**
30. 세상이 번쩍, 생각이 반짝! **전쟁과 발명**
31. 어제는 패션, 오늘은 쓰레기! **패스트 패션**
32. 내 몸을 지켜라! **면역과 질병**
33. 식물일까? 동물일까? **버섯과 곰팡이**
34. 더 빨리, 더 멀리! **미래 교통**
35. 땅이 바싹, 목이 바짝! **사막과 물**

글 신방실 외 | 그림 시미씨 외 | 감수 서울과학교사모임 | 값 1~10권 10,000원, 11~25권 11,000원, 26~35권 13,000원